명동백작

저자 지승룡 길 위의 인문학사유

열린서원

이 시대 두각을 나타내는 영웅이 있다.

콰지모도처럼 에스메랄다를 위해

종탑에서 내려온 명동의 백작들

나는 명동을 시처럼 해설한다. 그랭구아르처럼

서울에서만 살다가 2016년 10월에 용인 동백으로 이사했다. 처음으로 서울을 떠났다. 생활과 사업환경이 동백에 바로 적응할 수 있었던 것은 어머니와 여동생이 있었기 때문이다. 그리고 2020년 다시 서울로 왔다. 4월 23일 충무로에 이사 왔고 2024년 11월까지 있었다.

이 책은 4년 6개월 충무로에 있었던 나의 인문학 기록이다. 2020년 4월 23일 이삿짐을 정리하다 이곳 충무로를 품고 있는 남산에 우선 인사를 드려야 한다고 생각하고 남산에 올랐다. 남산이 어떤 곳인지를 성찰하며 태조 이성계가 왜 남산 이름을 '목멱대왕'이라고 했는지를 느끼며, 용인에 있을 때 석성산을 주산으로 한 것처럼 남산은 나의 주산이 되었다. 내가 살고 있는 이쪽 동네 전체를 사람들은 충무로라고 한다.

시간을 내어 충무로 역사를 집중 탐구했다. 충무로는 조선시대에는 남촌으로 불렸고 일제 시절에는 본정(本町혼마치)이라고 불렸다. 이 혼마치를 구체적으로 말하면 지금 신세계백화점과 중앙우체국에서 명동성당을 지나 대한극장을 통과해 CJ 본사와 충부초등학교까지이며, 이 길을 해방 이후에는 충무로라불려지었다.

지난 4년 6개월 길 위의 인문학자가 되어 부지런하게 걸었고 궁금한 것이 있으면 깊이 탐구했고 교차 검증을 했다. 이 책의 내용은 충무로의 꽃이라고 할 수 있는 명동을 중심으로 해서 장충단까지의 탐구한 결과를 담은 발걸음 보고서다.

사학을 전공하신 분답게 아버지는 어린 시절 나에게 양반(선비)은 가족과 사회에 대하여 100년 전 것을 기억하고 기록할 수 있어야 한다고 하시며 지금도 내가 갖고 있는 족보를 보여주셨다. 족보가 어렵기에 그냥 지나가는 어른의 말씀으로만 생각했는데 세월이 흘러 보니 부친 말씀이 마음에 남는다.

명동백작은 '명동백년의 인문학' 역사다.

나는 어린 시절부터 명동을 좋아했다. 대학 시절에도 학교 근처인 신촌보다 명동이 놀토였고, 지난 4년 6개월도 명동에 매일 많이 다녔다. 청년 시절에는 놀기 위해서 명동을 다녔지만 이번에는 하나하나 명동의 현재와 과거의 흔적들을 탐구 했다.

충무로는 포괄적으로 명동을 포함한다. 이곳은 한국 현대사 최고의 중심지다. 문학과 예술, 권력과 자본이 뭉클뭉클 움직이는 곳이다. 지금 내가 알고 있는 명동 지식을 청년 시절에 알았다면 얼마나 좋았을까! 생각한다. 이 책을 쓰는 이유이기도 하다.

이 책은 처음부터 쭉 읽지 않아도 된다. 아무 곳이나 거기를 펼쳐서 읽으면 된다. 다 읽으면 좋겠지만 일곱 꼭지만 읽어도 책을 읽은 것이다.

차 례

명동을 걸으며

1955년 명동극장 앞 | 영국군 마이클 킹의 1955년의 서울에서 인용

다정한 연인들이 피하지 못한 대연각

　　1977년 첫 MBC 대학가요제에 샌드 페블즈(Sand Pebbles 모래와 자갈)의 노래 '나 어떡해'가 대상을 받았다. 샌드 페블즈는 서울대 생명과학대학 밴드 팀으로 2학년일 때만 팀 이름으로 노래할 수 있다. SM엔터테인먼트도 샌드 페블즈로 인해 시작되었다. '나 어떡해' 노래는 5대 샌드 페블즈 출신이며 '산울림'으로 활동한 김창훈이 만들었다. 77년 대학가요제에서 동상을 수상한 서울대학교 학생들 트리오의 '젊은 연인들'도 주목 받았다. 젊은 연인들은 니 역시 기타 치며 즐겨 부른 노래였다.

　　"다정한 연인이 손에 손을 잡고 걸어가는 길 저기 멀리서 우리의 낙원이 손짓하며 우리를 부르네. 길은 험하고 비바람 거세도 서로를 위하며 눈보라 속에도 손목을 꼭 잡고 따스한 온기를 나누리. 이 세상 모든 것 내게서 멀어져가도 언제 까지나 너만을 내게 남으리"

멤버는 민경호. 민병식. 정연택이다. 동상을 수상한 이들은 대상 이상으로 인기를 누렸다. '젊은 연인들'의 작곡 작사자는 민병무.방희준이고 민병식의 형이 민병무다. 1952년생 민병부와 방희준은 경기고등학교 친구로 서울대학교 건축학과 1학년일 때 '젊은 연인들'을 만들었는데 세상에 발표되지는 않았다. 두 사람은 명동에서 1971년 12월24일 공연을 마쳤다. 시각 상애사인 방희준의 친척이 대연각 호텔에서 일을 했는데, 방희준에게 생일 선물로 호텔 숙박권을 선물로 주었다. 마침 방희준의 생일파티가 이곳에서 열렸고 방희준은 민병부를 초대해 호텔에서 묵었다. 12월25일 늦잠을 잔 이들에게 불운한 어둠이 운명처럼 왔다. 오전 10시 소방차 사이렌 소리가 서울 퇴계로를 뒤흔들었다. 대연각 호텔 2층 커피숍 가스통에서 불이 났다. 소방이란 개념은 있지만 소방시설이 도입되지 않았으니 불은 걷잡을 수 없이 확산이 되었다.

경제발전을 자랑해야 대통령 '3선'에서 승리하고 곧바로 유신을 만들어야 하는 박정희 김현옥 등 개발에 올 인한 군사정부는 안전 수칙과 소방시설을 무시하고 69년에 당시 서울시 최고층인 21층 대연각 호텔을 완공시켰다. 독재를 연장하려는 권력 욕망으로 이렇게 젊은이들을 사망에 이르게 한 것이다. 중학생이었던 나는 과외를 받으러 남대문으로 가다 화재 현장을 보았다. 이 정도의 화재면 건물을 허불어야 하는데 그렇게 하지 않고 대연각 호텔은 개 보수를 하고 빅

토리아 호텔로 다시 오픈했다. 그 시절은 그랬다. 나중에 들은 이야기는 박정희 대통령도 지분이 있는 중앙정보부 건물이란 말이 있다. 이 호텔은 이후 1975년에는 3.15 부정선거 때 내무부 치안국장으로 시민에게 발포 명령을 시행한 내무부 치안국장 이강학이 이 건물을 인수한다. 이강학은 사형 선고를 받았지만 감형되어 기업가로 승승 장구하였고 이 건물을 인수하여 돈을 벌었고 이후 고려증권을 만들 었다. 지금은 아들이 이어받아 고려대연각타워로 임대 사업을 하고 있다.

　명동을 산책하다 '대연각'을 지나며 욕망만이 전부인 이긴 자를 위한 시대에 쓸쓸한 유감이 밀려온다.

민병부 방희준

기억을 걷는 시간

어린 시절 명동 관할 지역인 남대문세무서에 부친이 계셔서 나는 아버지를 만나러 명동에 갔다. 20대 시절 명동은 서울 살던 청년들 대부분이 그랬지만 아지트처럼 명동에서 놀았다. 요즘 지인들이 농담으로 나에게 명동에 대해 백 가지도 넘는 이야기를 안다고 '명동백작'으로 부른다. 근래 명동역 앞에 있는 로드 갤러리 전시를 기획하느라 명동에 자주 갔었다. 실내 갤러리가 아니기에 길에 있어야 했고, 한 여름이었지만 카페에 계속 있는 것도 무료해서 이십 대에 즐겨 갔고, 또 십 년 넘게 사업을 했던 곳이라 익숙한 명동 길을 돌아다니며 시간을 보냈다. 시간적 여유를 갖고 보니 궁금한 것들이 생겼고 기억과 궁금한 것들에 대한 탐구가 시작되었다. 최근 이십 년간의 명동은 잘 알지만 70년대 청년 시절 추억의 공간도 살피며 추억의 편린(片鱗)을 구성할 수 있었다. 그리고 내가 태어날 때 명동 모습은 어떠했을까? 기억으로 걷는 시간을 조금 멀리했다.

옛 시절까지 멀리 간 것은 아버지와 어머니의 청년 시절이 궁금했고 부모님이 태어난 1931년도 풍경도 궁금했다. 할아버지와 할머니의 청춘 시간도 알고 싶었기 때문이다. 이렇게 시작된 시간 여행은 '넬'의 노래 〈기억을 걷는 시간〉처럼 중독성 있게 다가와 나는 명동에 푹 빠지게 된다.

명동은 한국 현대사의 보물단지처럼 명동에 대한 기록들이 생각보다 많았다. 이 기록들은 나의 기억된 추억을 넘어 현대 코리아의 핵심을 통과하는 문화와 역사의 현장이었다. 여름 햇볕은 강렬했지만 명동을 연구하는 걸음에는 방해가 되지 않았다. 명동에 대한 다수분들의 증언으로 나의 아련한 기억은 선명한 일기로 재구성되었다.

진짜 명동백작으로 불린 분이 있다. 이봉구 선생(1916~1983)이다. 그가 남긴 글들과 그를 기리는 사람들이 이봉구를 '명동백작'으로 불렀다. 2004년 EBS에서 24부작으로 방영된 명동백작도 새미있게 시청했다. 나를 포함해 명동백작이 많이 나왔으면 좋겠다. 명동은 한국 현대사를 이해하는 플랫폼(Platform)이기 때문이다.

옛 명동 길 사진이 정겹다. 오랜 것을 기억하고 풀어내는 나의 능력은 어머니 때문이다. 어머니 삶의 끝자락 나타난 치매는 질병이 아니고 어머니가 나에게 들려주는 동화였다. 내가 이렇게 정의를 내릴 수 있던 것은 프로이드의 이론 때문이다. 내가 이해할 수 없는 모든 것까지 그대로 수용하고 신뢰하면서 갖게 된 결론이었다. 어머니는

명동성당

예쁜 치매인 홍역이 지나셨고, 2022년 2월 금강을 바라보시며 '사랑해! 축복해!' 란 마지막 음성을 자녀들에게 남기셨다.

　사업에 인(印)이 박힌 사람들은 대부분 일중독 현상이 나타난다. 한가한 것이 힘들다. 그러기에 어렵다고 사업 자체를 놓지는 않는다. 그런 일중독에 인이 박힌 내가 사업을 놓고 용인 동백에서 4년간 어머니 곁에 있었던 것은 축복이고 행운이었다. 어머니와 기억을 걷는 시간은 나에게 축복의 선물이다. 나는 체어맨 운전자다. 어머니의 휠체어를 잡고 매일 동네를 산책했다. 빠른 속도로 가면 보지 못하는 것을, 바쁜 스케줄로 놓치게 되는 것들을 어머니로 인해 볼 수 있다. 나는 어머니와 4년간 함께 한 시간 이전과 이후가 다르다. 이 책을 쓰는 저자의 영혼을 나누고 싶은 이유다.

명동백작을 수여하다

산티아고 데 콤포스텔라 대성당에 도착하는 800km 순례를 다녀온 차수련 선생(전 전국 보건의료산업노조 위원장)의 이야기를 들었다. "쌓인 모든 것이 정말 떨어져 나가는 깊은 위로가 선물처럼 찾아왔습니다. 두 달의 긴 걸음은 다시 버텨야 하는 이 삶을 살아가게 하는 에너지지요" 차 선생의 이야기가 공감된다. 명동을 나가면 나도 모르게 계속 걷는다. 어떤 '선물'이 내려옴을 체험한다. 극한 슬픔에, 상한 감정에, 곤고한 삶의 이야기들을 읽는다. 지금 할 수 있는 것은 길 위를 걷는 것밖에 없지만 더위와 추위에 찰지게 계속 걸으며 갖게 된 찰진 마음을 책으로 옮기고 있다. 그리고 30대 초 몸을 분리시키고 떠난 박인환, 김관식, 전혜린의 삶의 이야기가 힘 있게 위로해 줌을 느낀다.

이봉구 작가는 실명 소설을 썼고 본인도 외상이 많았음을 고백한다. 50년대 명동 모나리자 주점 사장은 장사가 안돼 폐업을 한 날 밀린 외상을 받으러 문인들을 찾아간 것이 아니라 외상 대신 맡긴 만년

필 등 물건들을 돌려주러 다녔다. 은성주점 이명숙 사장은 1986년 사망하고 이후 자녀들이 나중에 6권의 외상장부를 발견하고 누가 외상을 남겼을까? 궁금해서 열어보았는데 문인들의 이름이 전부 암호로 만들어 외상을 졌는지 알 수 없게 했다. 치열하게 글을 쓴 작가들과 이 청년 작가들을 응원한 정(情) 깊은 가게, 이 찐한 우정이 문화를 빚는다.

김관식을 수용한 큰 사람 신경림

명동에 돈 키오테 시인, 김관식은 서정주의 처제와 결혼했다. 김관식의 행동은 일반이과 다른 별종으로 노트르담 드 파리 뮤지컬에 나오는 클로팽 같은 인물이다. 김관식의 언어는 자유와 배짱이었다. 그는 문단 선배들에게 서 군! 김 군! 이렇게 호칭했다. 그가 명동에 나오면 명동 예술인들은 둘로 나누어진다. 김관식과 어울리고 싶은 소수의 문인과 김관식을 피하는 다수의 문인들로

김관식은 36살 짧은 생을 사는 동안 김수영과 이봉구, 천상병, 조태일 등 자유로운 영혼을 지닌 문인들은 그를 이해했고 이제 이 시간 우리는 김관식을 이해한다. 김관식은 죽기 전날 홍은동 집에서 매달아 놓은 찌그러진 술 주전자를 바라보면서 그는 "저 놈이 날 죽였다"라고 하였다. 김관식은 1961년 7월 민의원 선거 때 장면에게 맞서 서울 용산구(갑)에 출마했다. 그는 무능한 군고구마 같은 장면이 4.19 시민혁명이 시민과 학생들의 혁명인데 장면 같은 인간들이 시민의 혁명 열매를 독식한다고 생각했다. 당연히 선거는 졌고 김관식

은 빚을 지고 집도 없게 된다. 이어 김관식은 홍은동 산꼭대기 정착해서 10년을 지낸다. 국유지 600여 평에 들어가 허가 없이 집을 지었다. 서정주가 뭐하냐고 묻자, 김관식은 건설업을 한다고 말하는 호탕한 인물이었다.

무허가라 집이 헐리게 되자 그는 "나라 땅이 백성 땅인데 시유지·국유지가 어디 있느냐"고 말했다. 그리고 김관식은 오히려 계속 사람들을 불러 모아 터를 닦고 집을 지었다. 관에서 허물면 김관식은 다시 짓고 또 허물면 또 다시 짓고 이렇게 여덟 번째로 집이 허물어지자 김관식은 아홉 번째 집을 짓고 지붕 위로 올라가 경찰관들을 향해 "허물 테면 허물어 보라"고 큰 소리를 지른다. 결국 경찰들도 김관식 앞에서는 손을 들었다. 경찰들이 철수하자 김관식은 "내가 장면 정권을 이겼다!"고 환호하며 사람들을 불러 술잔치를 벌인다. 그가 지은 집들에 시인들이 모였다. 백시걸도 홍은동 산동네 식구가 되었고, 충주 살던 신경림도 김관식의 권유로 이곳에 정착했다. 그리고 문인들이 모여 하늘을 벗 삼아 술을 마셨다. 천상병, 고은 등이 대표적 인물이었다. 김관식의 이 무허가 집들로 인해 신경림의 '산동네에 오는 눈'과 '산1번지'가 나오고 조태일의 '새떼들'과 '홍은동의 뻐꾹새'가 나왔다.

가난한 충청도 촌놈 신경림을 꼬드겨서 서울이 좋다고 데려온 시인 김관식(1934~1970)의 유혹이 있었기에 신경림은 동국대 영문과도 졸업하고 이런 시들을 남긴 것 아닐까? 자신을 믿고 서울 와서 늘 빈곤에 시달리는 신경림이 안쓰러웠는지 김관식은 예총 모임에 가서 예총 회장에게 "내가 이제 예총 회장을 할 것이고 당신은 나가라"고 하자 사무총장이 들어와 소란을 막자, 자신이 예총 회장이기에 사무총장을 파면한다고 하며 신경림을 사무총장으로 임명하는 호기를 부린 모습이 멋지다.

김관식은 1960년대 초, 월탄 박종화가 문학상 시상에 참가하여 축사를 길게 하자 월탄 면전에서 "어이, 박군 자네 이야기가 너무 길어. 나도 한마디 하겠으니 이제 그만 내려오지"라고 외쳤다. 박종화와는 나이 차이는 물론 등단 햇수도 30년 이상 차이가 났는데 이리 행동을 한 것을 보면 대선배들에게는 오만방자했고 스무 살 손위 동서인 시인 서정주에게 "서 군! 난 서군이 한 짓을 알고 있지" 하며 술 마시며 도발했던 그는 반면에 후배 시인들에게는 예의 있고 자상했다.

'괜히 왔다 간다'란 중광 묘비에 〈괜히〉란 말이 허무로 들리지 않고 찐하게 들린다. 괜히 이 책을 읽은 그대가 오늘 괜히 좋아졌으면 좋겠다.

목계장터

신경림

하늘은 날더러 구름이 되라 하고
땅은 날더러 바람이 되라 하네.
청룡 흑룡 흩어져 비 개인 나루

잡초나 일깨우는 잔바람이 되라네
뱃길이라 서울 사흘 목계 나루에
아흐레 나흘 찾아 박가 분 파는
가을볕도 서러운 방물장수 되라네

산은 날더러 들꽃이 되라 하고
강은 날더러 잔돌이 되라 하네.

산서리 맵차거든 풀 속에 얼굴 묻고
물여울 모질거든 바위 뒤에 붙으라네
민물 새우 끓어 넘는 토방 툇마루
석삼년에 한 이레쯤 천치로 변해
짐 부리고 앉아 쉬는 떠돌이가 되라네

하늘은 날더러 바람이 되라 하고
산은 날더러 잔돌이 되라 하네.

5일 장 아흐레 나흘이란 말도 좋고 우리 엄니도 바르셨던 박가분
이란 말도 정겹다. 고향이 詩지 억지 아름다움이 詩겠는가? 잔돌처럼
넘겨야 하는데 아직도 난 뾰족 돌인 것 같다. 아직 철이 들지 못했다.
그의 가난한 時, 그의 詩 또 하나도 끌린다.

가난한 사랑 노래

신경림

가난하다고 해서 외로움을 모르겠는가
너와 헤어져 돌아오는
눈 쌓인 골목길에 새파랗게 달빛이 쏟아지는데.

가난하다고 해서 두려움이 없겠는가
두 점을 치는 소리
방범대원의 호각 소리 메밀묵 사려 소리에
눈을 뜨면 멀리 육중한 기계 굴러가는 소리.

가난하다고 해서 그리움을 버렸겠는가
어머님 보고 싶소 수없이 뇌어 보지만,
집 뒤 감나무에서 까치밥으로 하나 남았을
새빨간 감 바람 소리도 그려 보지만.
가난하다고 해서 사랑을 모르겠는가
내 볼에 와 닿던 네 입술의 뜨거움
사랑한다고 사랑한다고 속삭이던 네 숨결
돌아서는 내 등 뒤에 터지던 네 울음.

가난하다고 해서 왜 모르겠는가,
가난하기 때문에 이것들을
이 모든 것들을 버려야 한다는 것을.

산1번지

신경림

해가 지기 전에 산 일번지에는
바람이 찾아온다.

집집마다 지붕으로 덮은 루핑을 날리고
문을 바른 신문지를 찢고
불행한 사람들의 얼굴에
돌 모래를 끼어 얹는다.

해가 지면 산 일번지에는
청솔가지 타는 연기가 깔린다.
나라의 은혜를 입지 못한 사내들은
서로 속이고 목을 조르고 마침내는
칼을 들고 피를 흘리는데
정거장을 향해 비탈길을 굴러가는
가난이 싫어진 아낙네의 치맛자락에
연기가 붙어 흐늘댄다.

어둠이 내리기 전에 산 일번지에는
통곡이 온다.
모두 함께
죽어버리자고 복어 알을 구해 온

어버이는 술이 취해 뉘우치고
애비 없는 애를 밴 처녀는
산벼랑을 찾아가 몸을 던진다.

그리하여 산 일번지에 밤이 오면
대밑 벌을 거쳐 온 강바람은
뒷산에 와 부딪쳐
모든 사람들의 울음이 되어 쏟아진다.

김관식 시인이 명동 술자리에서 젊은 시인들에게 한 말이 찡하
다. "나는 날마다 한미 우호 관계로 밤을 지내면 잔다. 왜냐면 미국
밀가루 포대를 엮어 이불을 만들어 잠자기 때문이다"

세월이 가면, 박인환의 술사랑

　　1차 대전 이후 절망에서 실존 미술을 찾은 '에콜 드파리' 무의미와 파멸에서 생활미술을 찾은 '베를린 다다이스트'처럼 이들은 명동 다방과 술집에 모여 부조리한 현실을 넘어 아방가르드를 지향했다. 오늘날 봉준호, 강수진 등 문화 한류의 기초를 세운 선배들이다. 현대 문학의 대 부분 작품들이 명동에서 탄생되었다. 전화가 없던 시절, 작가들은 맥주 바와 다방을 다니며 글 스승을 만나고 문학 선배를 만나고 뜻있는 동지를 만났다.

　　1956년 3월 명동에 있는 주점, 경상도집에서 박인환은 막걸리 몇 잔을 마시며 문학 동지들을 기다렸다. 그 옆 이진섭도 술잔을 든 채 악보를 펼쳐놓고 있었고 박인환은 동석한 나애심에게 노래를 권했다. 나애심이 "지금 부를 만한 노래 가사가 기억나지 않아" 라고 하자 박인환이 즉흥적으로 가사를 쓰겠다고 하고, 이진섭은 바로응

수하며 작곡하겠다고 하여 노래 하나가 탄생했다. 명동 샹송으로 회자되는 '세월이 가면'이 이렇게 탄생했다. 나애심이 악보에 맞추어 노래를 몇 번 불렀고, 이후 이봉구와 성량좋은 임만섭이 들어왔고 임만섭은 이 노래를 계속 불렀다. 행인들이 가다가 멈추어 이들의 노래를 들으며 박수를 쳤다.

극작가 한운사는 이날 밤을 젊음과 낭만, 꿈과 사다는 것의 슬픔을 이진섭이 타고난 재간으로 융합시킨 명동이 기억해 둘 영원한 시간이라고 했다. 미남이고 당시 180cm의 키에 31살 시인인 박인환은 '세월이 가면'이란 즉흥시를 쓰고 일주일 후 시인 이상을 추모하는 행사 준비로 3일간 과음과 통음을 이어가다가 알콜성 심장마비로 사망했다. 박인환과 이 노래는 아련하게 사람들에게 알려지게 된다.

시인 조병화는 작곡가 이진섭을 추모하며 이런 글을 썼다. "명동은, 실로 정치아 돈이 침투할 수 없었던 인간의 영토가 아니었던가! 네 돈 내 돈 따짐 없이 밤 깊이 서로 마시며 가난하면서도 왕자들처럼 떠들어대던아, 그 황홀한 포기의 연대여"

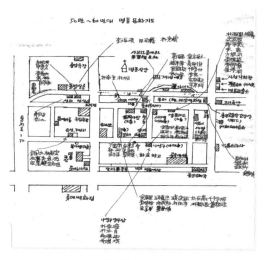

김종원 지도 | 명동다방순례 회고록31(한상인 엮음) 인용

젊은 문인들이 만나던 모나리자 다방 주인은 그때 풍경을 이렇게 말했다. "오는 문인들 90%는 물만 마시다 갔고 나머지 10%는 외상이었다. 이러니 어찌 안 망하겠는가!" 겉으로 보이는 화려한 댄디 보이 박인환은 실은 생활이 어려워 끼니를 챙기지 못했고 빈속에 계속된 과음이 죽음의 직접 원인이었다. 가난한 이웃들이 많고 그 가난을 지켜준 사람들이 정겹게 있었던 그 시절 외상을 받던 명동 상인들이 또 하나의 문인이라고 나는 고마움 마음 담아 반추한다.

　　이런 기사가 있다. 이진섭의 아들 이기광씨 말이다. "매달 꼬박꼬박 저작권료가 지급된다. 작을 때는 4만8,000원, 많을 때는 15만 원을 넘긴다. 지난달 말엔 17만8,900원가량이 은행 통장에 찍혔다. 노래방·방송국 등이 한국음악저작권협회를 통해 지급하는 금액이다. 저작권협회에서 노래방에서 한 번 불릴 때마다 490원씩 지급된다. 큰 금액은 아닐지라도 가족에겐 남편이며 아버지의 존재를 증명해주는 끈과 같다. 통장을 볼 때마다 마치 아버지가 여전히 살아계신 것 같은 느낌이다"

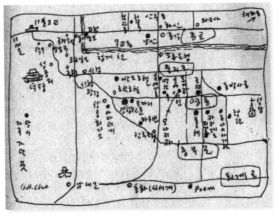

조병화 명동 단골집 사진 | 시인 조병화 탄생 100주년 기념 보도자료 인용

명동을 걸으며　29

단골집 하나는 있어야 한다

단골은 우리말이다. 정으로 가고 인간으로 만나는 공간이다. 고객은 단골집이 정겹고 가게는 단골손님이 든든하다.

내가 사람들을 소개받을 때 이런 말을 자주 듣는다. "아 저 민들레영토 단골이었어요" 그 때마다 순간이동이 되어 기분이 좋아진다. 내가 최근 명동에 나가며 단골집이 생겼다. 그 중 하나가 명동6길에 있는 카페 코인(COIN)이다.

명동에 있는 카페 코인

실내의 앤티크 가구의 평안함이 좋다. 1993년에 이대 앞 '로딘'이란 카페를 종종 갔다. 로딘의 도회적이고 세련된 인테리어가 좋아 1994년 민토를 열 때 로딘을 참고했는데 명동 카페코인은 1993년 오픈했고 이곳 대표께서 이대 앞 로딘을 경영하셨다는 기사를 보니 반갑다. 팬데믹으로 명동은 암동이 되었고 특히 명동6길은 그야말로 적막강산인데 이 길에서 유일하게 문을 열어 멋진 카페를 소비자에게 제공해 주는 헌신에 동지애를 느낀다. 이곳은 Atmosphere(분위기), Cleanness(청결), Service(서비스), Quality(맛) 이 유지하고 있었다. 고난이 시작되면 겨와 같은 자본주의에서 고난이 멎을 때까지 기다리는 이곳 김석수 대표를 위해 난 목사로 동지로 두 손을 들어 축복한다. 그런데 어느 날 코인에 갔는데 김석수 대표께서 민들레영토 지승룡 대표 아니냐고 먼저 말을 건네주셨다. 이후 지금까지 좋은 인연을 이어지고 있다.

삼각산 평창동 집 앞을 창고 공간을 카페로 차렸다. 어느 날 연로한 한 분이 가게 앞에서 쓰러지셨고 직원이 이분을 부축해 가게로 모셨다. 동네 분인데 산에서 내려오다 혈당이 떨어져 쓰러지기 직전 가게가 보여 가게 앞까지 와서 쓰러지셨다고 하여 우유를 드렸다는 직원의 보고를 받았다. 나중에 자녀들이 가게로 와 고맙다고 인사를 했다. 있어야 할 것에 있는 것이 안전지대다.

시인이며 영화평론가인 김종원 선생(1937년생)의 회고록 가운데 20개 꼭지인 '명동시대'를 읽었다. 지금의 명동에서, 내가 사업하던 명동에서. 다시 내가 놀던 명동에서. 그의 회고록은 내가 태어나기 전후의 명동을 아는데 도움을 준다. 왜 그토록 많은 예술인들이 명동 다방들을 아지트로 했는지? 그곳이 어디였는지? 나중 유명 예술인들이 된 단골 가게들은 어떤 곳인지 궁금증이 밝혀진다. 집 전화도 없던 시절, 그들의 문화와 예술에 잠기고, 선배와 친구를 만나고 자신의 예술을 세상에 알리는 기회로 명동다방에, 명동주점에 모였다.

그가 그려 놓은 카페들과 단골들 이름을 그냥 기억하고 싶다.

동방살롱: 박인환, 김동원, 차남연, 장민호, 박암, 황정순, 백성희,
　　　　　김수영, 이봉래, 양명문, 조병화, 전수희
갈채다방: 김동리, 손소희, 조연현, 박재성, 천상병, 이호철, 박성룡, 박봉우
돌채다방: 임하, 이제하, 오학영
나일구다방: 전창근, 노경희, 허백년, 유두언, 박영준, 박목월, 정한모
금문다방: 차범석, 천승세, 김금지, 이영일, 현재훈
엠프레스 다방: 박서보, 문우식, 정영렬, 방근택, 이일, 이철범,
　　　　　　　이어령, 최금동

최불암 모친이 운영하는 대폿집 은성은 그들 가운데 주당들 단골집이었다고 한다.

164꼭지로 김종원 회고록을 이십여 차례 듣고 하나씩 고증하며 기록한 영화연구소 대표 한상언 선생의 수고로움에 나의 명동 연구가 더 풍요로울 수 있어서 좋다. 나는 이 자료를 보면서 다방 단골 순으로 한 분씩 전부 검색했고, 또 두 개 이름을 같이 놓고 검색해서 이들의 우정과 아름다운 에피소드들을 찾을 수 있었다. 이렇게 한 분씩 다 찾다 보니 하나의 문학과 예술을 이해하는 통합적인 사전을 만들 수 있었다.

프랑스혁명 당시 '카카듀'에서 젊은 시인들은 저항했다. 그래서 카카듀는 혁명가들의 아지트가 된다. 기득권과 싸우는데 다른 문학 장르는 표현이 구체적이기에 바로 잡혀가지만 시는 상징이 통용되기에 전사들은 詩로 운동을 했다. 아지트는 러시아어로 '아지트풍크트'(agitpunkt)라는 선동 본부의 의미를 갖는다. 해방 이후 명동은 한국 젊은이들의 카카듀이고 아지트였다. 후에 이들은 월북했거나 아니면 일부를 제외하곤 자본주의 물결에 쏠려 극 빈곤층으로 부적응자로 살았다. 그들의 목을 적셔주고 담배를 피울

이경손 감독 |
매일신보 1926년에서 인용

수 있고 기회와 쉼을 준 다방들이 명동에 있던 다방이었다.

나는 종종 비엔나커피가 맛있는 '가무'에 간다. 대학 시절 간 이

가무카페

후 많은 세월이 지나갔다. 1972년 생겼는데 이렇게 있고 코로나에서도 문을 닫지 않고 버틴 모습에 갈채를 보낸다. 72년 '까뮈'로 오픈했는데 유신 시절 한글로 써야 한다는 독재문화에 어쩔 수 없이 까에서 ㄱ을 빼고 뮈에서 ㅣ를 빼서 가무로 바꾸게 되었다.

가무 아래에 69년부터 그 유명한 오비스캐빈이 운영되었고, 이 자리에는 50년대 중반에는 '갈채' 다방이 있었다. 1954년 아카데미 여우주연상을 받은 그레이스 켈리가 여주인공인 영화 갈채 제목을 그대로 상호로 사용했다. 당시 단골 문인으로 김동리, 손소희, 조연현, 박재성, 천상병, 이호철, 박성룡, 박봉우 등이 즐겨 찾았고 영화 갈채처럼 문인들은 이곳에서 연애했다. 김동리, 손소희가 부부로 맺어지기도 했다. 비엔나커피를 말했기에 커피 이야기 하나를 나눈다.

커피 아시아에서 시작되어 유럽으로

다방은 차를 관리하는 궁중의 시설이다. 궁에서 행해지는 관료들의 연구와 회의들, 더욱 궁에 사는 사람들에겐 내밀한 친구였다. 다방은 문화였고 예(禮)였다. 예라는 한 문을 보면 콩 두(豆)에 곡조 곡(曲)에 알리고 나눌 시(示)가 들어갔다. 콩을 볶아서 향기를 나눈다는 뜻이 예(禮)이니 커피는 예와 연결된 차다.

아시아 이슬람국가인 오스만제국이 유럽 기독교 로마제국을 허물었다. 오스만제국의 사람들이 마신 음료가 커피였다. 유럽인들에게 이방인으로 취급된 이슬람 교인들은 커피를 원액으로 마시며 수행했다. 유럽인들은 커피가 이슬람교도의 음료이고 맛이 쓰고 색이 흑색이라 악마의 눈물이라 하며 커피를 마시지 않았다. 그러나 이 제국은 유럽을 넘어 아프리카까지 진출했고 에티오피아에서 온 커피를 즐겨 마셨다.

전쟁 중에는 커피를 통해 용기를 얻고, 외로움과 평화 시에는 우울함을 커피를 통해 극복했다. 이런 효능이 있는 것을 알게 된 것은 에티오피아 카파지역 사람들의 모습을 보고서다. 카파란 힘이란 뜻이고 커피의 어원이 된다. 오슬람은 이슬람 교리가 술을 금하기에 커피를 더욱 발달시켰다. 사람들이 모여서 커피를 마시며 정담을 나눈 것이 '카웨'(카흐베하네)인데 카페의 어원이다. '카흐베하네' 란 〈카흐베〉가 터키어로 커피 〈하네〉는 장소다.

커피를 맛있게 내리는 기술이 발달했고 카웨는 남녀의 데이트 장소이고 무역장소였다. 오스만 제국이 서쪽으로는 에스파냐까지 수백 년 영향을 주었고 결국 스페인 사람들도 커피를 마셨고 훗날 스페인은 남미를 정복하면서 커피 기르기가 기후가 좋은 그곳에 커피를 심어 오늘날 커피 제1생산지가 된 것이다. 에스프레소의 단어 뜻은 고 압력이지만 어원은 에스파냐이다. 오스만제국은 오스트리아 빈 아래까지 침략에 성공했고 유럽 기독교인들은 정치적으론 빈을 지켰지만 문화적으로 커피의 대중화는 막지 못했다. 이때 빈에 있던 상인들이 쓴 커피에 우유를 넣어 팔기 시작했는데 비엔나커피의 탄생 배경이다.

영국은 커피보다는 동양의 차를 즐겨 마셨는데 녹차가 아닌 홍차를 사용한 것은 녹차는 비 발효차라 보관에 문제가 있어서였고 미국도 홍차를 마셨다. 그러던 어느 날 영국과의 전쟁 후 홍차가 끊어지자 미국인들은 에스프레소 커피에 홍차처럼 물을 타서 먹었기에 소위

'아메리카노 커피'가 나왔다.

하루 세 번 커피가 말을 건다.

"내가 염세적인 것은 고통스럽기 때문이 아니라 이렇게 고통당하는 것이 의미가 없기 때문이다" 쇼펜하우어의 어록이다. 사회학자 에밀 뒤르켐은 자살은 빈곤에서 오는 것이 아니라 무의미에서 오는 것이라고 했다. 일어나면 습관적으로 마시는 커피의 의미를 생각하면서 인생의 의미를 생각한다.

'The Will to Meaning' 커피가 나에게 말을 건다.
심심하지 않게

신맛이 특별한 모카 마타리는 반 고흐가 가난함 속에서도 찾았다. 그가 인생에서 행복한 시간은 예멘 커피를 마시는 시간이었다. 카페 그림도 그 향기 때문이었다. 신은 가난한 나라에 커피를 선물로 주셨다. 부자들에게는 커피를 즐기게 하시고 그래서 커피는 나눔이다. 에디오피아는 커피의 어머니고 예멘은 커피의 아버지다. 에디오피아를 비롯한 아프리카 모든 커피는 예멘 모카항구를 통해 유럽으로 아시아로 전달되었다. 예멘은 국토가 화산암으로 미네랄이 풍부하고 서리는 없고 안개만 있는 커피 수확의 최적지고 이들은 유기농 커피만을 생산한다. 자메이카의 블루마운틴 하와이언 코나와 함께 예멘 모카는 세계 3대 커피 품종이다. 카페모카가 에스프레소에 우유와 초콜릿을 첨가하는 것은 예멘수도 사나에서 나는 커피가 초콜릿 향이 나기 때문이다.

머그잔 아메리카노는 240㎖다 2.88~3.18g 정도의 거피 싱분이 포함된다. 커피의 농도가 1.45% 이상이면 진한 커피라 하고 1.2% 이하면 농도 커피를 물이라 하지 않고 연한 커피라고 부른다.

누군가에게는 곡차가 위로와 우정이고 누군가에는 커피가 위로이고 우정이었을 것이다. 그 시절 명동 사람들이 나누었을 커피를 상상하며 봉지 커피를 샀다. 하나가 50kcal로 온기 필요할 때 좋다. 봉지 커피 원조는 다방 커피다. 다방 커피의 지존 레시피는 커피 1스푼에 프림1.2스푼 설탕1.5스푼을 눈감고도 커피잔에 채우는 마담들의 황금 배합이다. 그래서 다방 마담들이 바리스타1세대 아닐까? 단맛과 신맛, 담백한 맛이 혀를 자극하는 것이 다방 커피다. 카페라떼, 별 것 아니다. 커피와 프림의 배합이고 카라멜 마끼아또 별 것 아니다. 커피 프림 설탕의 배합이다. 커피와 설탕이 만난 것이 카라멜이다.

어머니가 봉지 커피와 떡을 좋아하신다. 어른이 된다는 것은 봉지 커피의 맛과 떡의 맛을 아는 나이가 되는 것이다. 아우가 왔다. 어디를 가자고 말하지 않았어도 차 한 잔 하고 일어나 걸으며 도착한 곳이 필동 김치집이다. 김치찌개와 소주를 나눈다. 다시 더 걷고 더 정겹게 스미는 이야기를 나눈다. 맛난 김치찌개 집이 동네에 있는 것은 성전만큼 복되다.

영원한 것이 무엇일까? 실제 우리가 경험할 수 있는 가능한 실존일까? 분명 시간은 아니다. 혹 시간에서 증명하려고 하면 없거나 거짓이다. 영원이 가상이 아닌 실존이라면 영원은 시간의 연속성이 아니라 지금 이 순간이 정말 의미가 있다는 것을 고백하는 그래서 아무 두려움이 없는 맑은 감정 상태가 아닐까 하는 생각이 든다. 날이 찰 때 산책하면 생각이 김장처럼 익어진다.

박옥수 원로사진가는 사진에 사람이 있어야 한다고 한다. 명동을 내가 이렇게 계속 걸었으니 나는 명동 사진이다. 1930년대 자유연애는 난잡한 연애가 아니라 사랑을 위해서는 모든 권위와 억압에서 자유가 되어 열정 같은 사랑을 한다는 것이다. 내가 중학교 때 이웃집 누나가와 연애를 했다. 그런데 부모가 결사반대하자 유서를 남기고 자살을 했다. 누나의 자살로 동네 어른들은 사랑하는 이들에게 어떤 이유로든지 적극적으로 반대하면 안 된다는 큰 교훈을 갖게 되었다.

산처럼 살고 물처럼 사는 것을 생각하니 곰곰이 재미있다.

이상과 친구들

한겨레신문 2017년 6월 '길을 찾아서 24'에서 사진과 사진설명 인용 '사진은 1935~36
년 절친 구본웅의 부친이 경영하던 인쇄소 겸 출판사 창문사의 〈아동세계〉 편집부 시절
이상(맨 왼쪽)으로, 도쿄로 오기 직전 말년의 모습이다. 가운데는 구보 박태원, 오른쪽은
훗날 장례식에서 본 이상의 데스마스크를 증언한 번역가 김소운이다.

포스트 모던이즘에 빠진 이상(李箱)한 친구들

시인 이상은 카페 사업가였다. 명동에 한국인 최초 카페가 생기고 문인들이 명동에 모이는 계기를 만든다. 이상(李箱)이라는 필명은 (본명 김해경 金海卿) 건축 기사로 일할 때 한 인부가 그의 성을 잘못 알고서 '이상(李さん)'이라 부른 것에서 힌트를 얻어서 사용된다. 그는 이처럼 포스트모더니즘이 본능에 있었다. 변동림은(1916~2004)은 경기여고, 이화여전 영문과를 다니며 유학을 준비했다. 오빠인 변동석을 많이 의존했다. 변동석이 다방 '낙랑파라'에서 일하자 이곳을 자주 찾았다. 당시 낙랑파라는 이상과 그의 평생 절친 박태원, 김기림, 김소운, 구본웅이 출입하던 젊은이들의 해방구였다. 1936년 변동석은 변동림에게 시인 이상(李箱·1910~1937)이 '너에게 상사병이 났다'고 한다. 오감도 연재 등으로 이미 유명한 청년 이상이 자신을 좋아한다는 말에 변동림도 자유로운 성품이기에 설렘으로 이상을 만났다.

"나와 같이 죽을까? 아니면 나와 같이 먼 곳으로 떠날까?"

이 프로포즈를 이상에게 받은 변동림은 부모의 반대에 굴하지 않고 을지로에 작은 방을 얻어 이상과 동거한다. 작고 햇볕도 없는 두 사람의 작은 집은 서정주를 비롯한 문인들의 아지트를 겸한다. 그러나 둘은 자주 싸웠고 이상은 도피하듯 일본으로 유학을 떠난다. 일본으로 간 이상의 그의 복장과 모습으로 인해 사람들에게 부랑아로 오해를 받고 몇 개월간 억류되었고 결국 지병이 악하되었고 영양실조로 인한 건강을 잃어 1937년4월 27살에 숨을 거둔다.

이상은 가고 김환기는 오고

이상과 사별 후 6년이 지나 변동림은 무명 화가이며 딸 셋이 있는 김환기(金煥基·1913~1974)와 교제를 시작했다. 김환기의 호인 '향안'을 자신의 이름으로 해서 아예 김향안으로 개명했다. 파리로 김환기가 유학을 가고 싶어 하자 김향안은 아예 파리로 먼저 가서 김환기가 유학 생활을 잘 할 수 있도록 준비한다. 파리에서 김환기와 김향안은 샌드위치 하나를 늘 나누어 먹는 가난한 삶이었지만 그 가운데서도 행복했다. 유학으로 김환기는 비구상 미술에 더 심취하게 하였고 미술의 세계적 흐름을 알게 되었다. 1974년 남편 김환기가 사망하자 김향안은 김환기의 작품을 알리는데 발 벗고 나선다. 김환기에 대한 글을 쓰고 유력인사를 찾아가 김환기의 가치를 홍보하고 흩어진 김환기의 작품을 모으며 1992년 '환기미술관'을 완공하여 오늘날 한국 화가 가운데 최고의 경매 가를 기록하는 최고의 미술인으로 만들었다.

사랑보다 때론 우정이 행복하다

나는 김향안과 김환기의 사랑도 좋지만 개인적으론 시인 이상과 이상의 친구들 우정에 더 눈이 간다. 우정이 준 한국 예술사에 끼친 결과를 높이 평가하기 때문이다. 이상은 친구들이 많았고 친구들이 전부 찐한 우정이있다. 소설가 박태원(박태원의 둘째 딸 아들이 영화감독 봉준호다)과 동반자살도 할 수 있는 우정을 나눈 소설가 김유정 (1908~1937)은 사선을 넘는 우정을 나누었는데 두 사람 같은 해 보름을 시차로 사망하여 두 사람의 합동영결식이 거행되었다.

척추 장애 화가로 알려진 구본웅(1906~1952)은 이상과 4살에 나이 차가 있지만 같이 초등학교를 졸업했다. 옛날에는 지금과 달리 동급생들의 나이 차가 많았다. 이상은 구본웅에게 늘 형으로 부르며 섬세한 우정을 죽을 때까지 유지했고 항상 늘 같이 다니는 단짝이었다. 구본웅의 계모가 변동숙인데 이상의 아내인 변동림은 변동숙과 27살 어린 이복동생이다. 구본웅의 외손녀가 발레리나 강수진이다. 2022년 3월 106세로 타계한 화가 김병기(1916년 4월 16일 ~2022년 3월 1일)는 이상 김환기, 이중섭, 변동림 등 모두와 친하게 지낸 인물로 명동에서 이들의 우정과 사랑에 대하여 많은 진술을 하였다. 강점기는 '암흑'의 시대였지만 역설적으로 그 시대는 명동을 중심으로 수많은 문인과 화가들이 태동 된 시기가 되었다.

모두가 알고 있는 시인 정지용, 이상, 김기림, 김광균, 소설가 이태준, 박태원, 화가인 구본웅, 김용준, 최재덕, 이중섭, 김환기 등이 강점기인 1930~40년대 명동에서 우정을 나누며 활동했다.

베를린 다다이스트 명동에 오다

1차 대전 이후 절망에서 실존 미술을 찾은 '에콜 드 파리' 무의미와 파멸에서 생활미술을 찾은 '베를린 다다이스트'들처럼 이들은 명동 다방과 술집에 모여 부조리한 현실을 넘어 아방가르드를 지향했다. 오늘날 문화 한류의 기초를 세운 선배들이다. 내가 명동에 대하여 조금 깊이 들어간 것은 우리의 영혼을 무너지게 하는 것이 아닌 우리의 영혼을 더 빛나게 하는 시간이어야 한다는 계시를 받았기 때문이다.

명동파출소 안 골목 지하에 주점 '명동백작'이 있다. 이곳을 만든 낙고제 안영환 대표는 최불암 선생에게 받은 지도로 가게에 그 시절 명동 풍경을 벽에 그렸는데 거기 동방 살롱이 그려져 있다.

1. 베를린 다다이즘

기존의 미술은 죽었다! 기성세대는 저항의 대상이다. 청년들은 창조한다, 고로 존재한다! 라고 내걸고 1차 대전 후 유럽 미술계가 제국주의 앞에 위축되어 싸워내지 못함과 파멸되는 인간성에 대한 애정이 없음을 통렬하게 비판하며 전통양식을 파괴하고 창조와 자유의 새 양식을 만들어 내며 사회저항까지 치고 올라간 베를린 다다이스트들의 작가정신을 나는 좋아한다. 독일 통일의 상징 베를린처럼 그 중심에 미술과 인문학이 있었던 것처럼 우리의 인문학은 평화와 화해를 지향한다.

2. 가난한 베를린에서 섹시한 베를린으로

2001년부터 2014년까지 380만 베를린 인구를 대표한 클라우스 보베라이트 시장은 베를린을 '민족의 심장' 이런 구호로 현실을 도피하는 정책과 시정(市政)을 하지 않고 "베를린은 가난하지만 섹시하다(Berlin ist arm, aber sexy)" 라는 발상의 전환을 하고 그는 모든 망가진 학교 역과 공터를 갤러리로 모두 바꾸었다. 유럽에서 가장 여유 있는 도시를 만드는 견인차가 되었다.

메세나 기업가 김동근 동방 살롱을 만들다

1956년 41살 이중섭이 거식사 하고, 31살 박인환도 심장이 멎는다. 새싹이 고목의 깊은 뜻을 알 수가 없지만 1956년 태어난 나는 이들을 이어야 할 운명이라고 믿고 있다. 와인 빈티지는 와인이 만들어진 시간과 장소를 일기를 표기한다. 빈티지를 읽음으로 기억을 더할 수 있다면 그리고 박인환과 김수영이 화해하듯 나의 과거와 그 과거를 살아낸 부모님 세대를 이해한다. 집이 사는 곳(live)이 아니라 사는 것(buy)이 된 자본주의가 아주 잘못된 길을 가고 있는 것을 막아야겠다. 무소유가 주는 평화와 낙서를 문학으로 올린 공초 오상순이 한 말이 기억난다.

'젊다는 것은 잘못된 길에 깊이 들어가도 나올 수 있다는 시간이 많다는 것이다.' 이 말을 대입하면 젊음은 잘못된 것에서 나올 수 있는 용기가 아닐까! 논문을 쓰는 의무감처럼, 탐험가처럼 명동의 옛 역사를 걷고 읽고 있다. 명동 을지로 쪽에 하동관이 있다. 그 옆 건물이 그 옛날 동방 살롱이다. 박인환은 이곳 3층에서 이상을 추모하는 행사를 주관하며 그의 마지막 행적 마지막 시를 썼다. 전쟁에서 큰돈을 번 청년 사업가 김동근(35세)은 예술인들을 위해 동방 살롱(동방문화회관)을 1955년 8월 25일 열었다. 작가들이 다방의 금붕어 석고상 벽화로 조롱 되듯 어려운 작가들이 교제하고 작업하고 행사를 하기 위해 김동근이 기부한 것이다. 1층 다방, 2층 작업실, 3층 회의실로 만들었다.

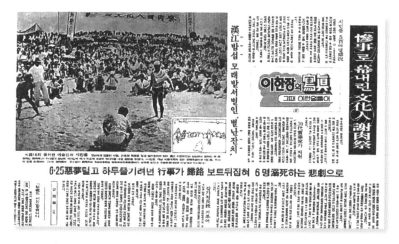

[무너진 명동에 세워진 희망 그리고 아픔] | '제1회 문화인사육제' 사고 소식 인용

시인 조병화는 '명동소고'에서 이렇게 말했다.

동방살롱은 한국의 예술가들이 모이는 다방이다.
예술가들은 담배를 많이 피운다.
예술가들은 돈을 귀찮게 생각한다.

예술가들은 오로지 사랑에 산다.

예술가의 사랑에선 커피 냄새가 난다.

예술가들의 애인들은 인내심이 있어야 한다.

예술가들은 밤을 새워서 슬픔을 마신다.

예술가들은 밤을 새워서 슬픔을 나른다.

동발살롱엔 방울새 같은 소녀가 차를 나른다.

동방살롱엔 까만 스웨터를 입은 소녀가 차를 따른다.

동방살롱엔 어머니 같은 부인이 우리를 기른다.

동방살롱 오후 다섯 시 자욱한 연기

동방살롱은 한국의 예술가들이 모이는 그리운 다방이다.

....

동방 살롱이 있었기에 주옥같은 시. 소설 그리고 예술인들의 교제와 행사가 열릴 수 있었다. 그러나 동방 살롱을 만든 김동근도 아쉽게 36살이 된 1956년 8월 19일 밤섬에서 보트가 뒤집혀서 사망한다. 문화 인사들과 같이 소풍을 다녀오다가 사망했다.

전쟁 이후 경제가 다시 일어나고 사람들이 자신감을 갖고 여러 행사를 많이 하고 아이들을 많이 낳은 시대를 베이비 붐세대이라고 한다. 1955년~1963년까지 인데 1958년 개띠가 유명한 것은 백만 명이 넘었기에 그렇다. 이들은 교육에 헌신하는 부모의 사랑을 받고 성공에 대한 갈구가 강하다고 한다. 그리고 1955년에서 60년대 많은 예술인들이 죽음까지 가는 영혼으로 작업한 인문학 작품들, 치열하게 민주화를 위해서 또 생존을 위해 몸부림친 모습을 기억한다.

명동을 계속 걸었다. 역시 목적지가 있어서 생각이 내 몸 더위를 이기고 있다. 정치깡패 이정재의 친척 동생이 이지재다. 이지재는 음악 애호가로 1969년 명동에 그 유명한 '오비스캐빈'을 유네스코 회관 뒤에 3층 전체에 오픈했다. 명동 '오비스캐빈'과 '금수강산'과 '세시봉'이 트롯 가요가 아닌 클럽 음악과 포크송을 만들었다. 음악다방 세 곳이 우리 음악의 한 장르와 대단한 가수를 만들어 낸 것이다.

전설적인 록 그룹사운드 '키보이스'의 대표적 노래는 〈해변으로 가요〉〈정든 배〉〈바닷가의 추억〉이다. 지금도 불려진다. 1959년에 결성했고 윤항기, 차중락, 유희백, 차도균, 김홍탁이 멤버였고 김희갑, 김영광은 곡을 썼다.

'키보이스'와 쌍벽을 이루는 록밴드는 '히 식스'였다. 대표곡으로 〈초원의 빛〉〈물새의 노래〉〈당신은 몰라〉〈사랑의 상처〉 등이 있고, 1969년 김홍탁이 중심이 되어 조용남, 유상윤, 권용남, 이영덕, 김용중, 최헌 또 정훈희의 오빠인 정희택이 명맥을 이었고, 2011년에는 재결합 공연도 있었다. 이들이 선 무대가 바로 명동에 있던 〈오비스캐빈〉이다.

'오비스캐빈'은 70년대에 청춘을 보낸 이들은 거의 아는 명동 최초의 라이브카페다. '돌체'가 명동 최초의 클래식 다방이라면 '오비스캐빈'은 팝을 연주한 최초 라이브다방이었다. 이곳에서 김민기, 양희은이 데뷔를 했고 '아침이슬'을 비롯해 익숙한 노래들이 여기서 발표되었다. 서울역에서 노숙을 하던 송창식은 이상벽의 이끌림을 받아 오비스캐빈에서 노래했다. 아마 정훈희와 송창식의 인연은 히 식스 멤버인 정희택을 매개로 이어졌을 것이다.

사보이호텔 '주먹스캔들'의 진실

'오비스케빈' 있던 곳에서 올라오면 사보이 호텔이 나온다. 1957년 국내 자본으로 만들은 첫 호텔이다. 이연복 셰프가 이곳 중식당에서 첫 일을 한 것처럼 사보이호텔은 당시 최고의 '핫풀'이었다. 명동을 주먹으로 통일한 신상사(본명 신상현 1932~2024)파들의 아지트다. 김두한, 이정재, 조양은, 김태촌을 이야기들 하지만 '신상사' 이야말로 한국 조폭의 중심이고, 지금도 그 부하의 부하들이 서울을 장악하고 있다. 명동을 이야기하면 사보이호텔 사건이 낭만주의 주먹들의 시대가 끝나고 조양은에 의해 회칼과 낫이 등장하며 낭만주의 주먹이 사라졌다는 이야기들이 있다. 이것은 언론이 만들어 낸 오류다. 신상현은 1953년 지금의 기무사인 육군 특무부대 상사로 제대한다. '선빵'의 명수에 사교력과 상황판단에 능한 그는 동대문 이정제가 5.16 이후 제거되자 서울 주먹조직을 장악한다.

김기수 챔피언 빌딩

신상사는 일본 3대 야쿠자 조직 중 하나인 니시야마 미노루란 이름으로 알려진 서순종과 권투 사업으로 돈을 벌었다. 서순종은 대한민국 최초의 권투 세계 챔피언 김기수를 시작으로 유제두, 박종팔, 박찬희, 염동균 등 세계 챔피언을 배출했다. 신상사는 이북에서 내려온 대구 출신 염천시장을 장악한 조창조와 오종철을 필두로 무교동을 장악한 호남 출신 폭력배들이 합친 신흥 세력인 무교동파와 충돌을 빚게 된다.

대표적인 사건으로 서순종 납치 사건이 있다. 건설 공사 문제로 서순종을 납치한 무교동파는 그를 구하러 온 신상사파 조직원을 무자비하게 때렸다. 격노한 신상사는 구달웅과 전철웅을 투입하여 서순종을 잡고 있던 무교동파의 행동대장 이경원을 각목으로 두들겨 패고 서순종을 구출해냈다.

분노한 오종철과 조양은은 범호남파의 후견인이자 당대 최고의 주먹 실력을 자랑하던 조창조에게 달려갔다. 상황 설명을 들은 조창조도 분노했다. 조창조는 즉시 신상사파에 연락을 넣었고 날짜를 정해 한번 붙어 보자고 으름장을 놓았다. 하나 오종철과 조양은은 조창조의 생각과는 판이하게 달랐다. 조창조는 주먹은 주먹으로 정정당당하게 풀어야 한다는 옛날 방식을 가지고 있었으나 오종철과 조양은은 이 일을 계기로 신상사파를 무너뜨리기 위해 기습을 해야 한다고 생각했다. 조양은과 조직원들이 기습을 하고 방망이를 휘두르면서 신상사 신년 모임을 제압한 후 신상현을 찾았다. 마침 신상현은 호텔 객실 화장실에 가 있었고 범 호남파가 기습했다는 소식을 듣고 호텔 밖 다방으로 피신한 상태였다.

당시 무교동파는 명동파에게 사과하겠다는 의사를 보내 신상사를 비롯한 간부들이 자신들의 아지트 사보이호텔 커피숍에서 기다렸다. 시간이 흘러도 무교동 측이 오지 않자 신상사와 구달웅은 자리를 떴다. 얼마 뒤 무교동파 행동대장 조양은이 이끄는 조직원들이 야구방망이를 들고 난입했다.

신상사의 매제 김수일은 야구방망이로 머리를 맞아 피가 솟구쳤고, 우연히 자리에 있던 목포 출신 한 조폭은 구달웅으로 오인을 받아 온몸이 다쳤다. 하지만 당하고만 있을 신상사파가 아니었기에 김태촌을 시켜 오종철을 은퇴시키고 결국 조창조의 항복을 받아내는 등 맹렬한 보복과 반격으로 무교동파를 사실상 와해시켰다.

조창조는 2008년 인터뷰를 하면서 "사실 달걀로 바위 치기였어요. 부끄러운 얘기지요. 사보이호텔 사건으로 신상사 조직이 얼마나 무서운지 알게 됐습니다. 신상사 한 사람의 문제가 아니었어요. 사건이 나자 서울 사람들의 응집력이 강하게 나타나더군요. 평상시 숨어 있던 신상사파의 방대한 세력이 드러났습니다. 힘으로도 돈으로도 백으로도 우리가 이길 수 없었습니다. 당시 양은이가 20대였습니다. 뭘 알겠습니까."라고 언급했다. 이때 많은 이들이 사건 이후로 신상사파가 망한 줄 아는데 실상은 정반대였다.

이날 이후 서울권 계파 조직들은 자신들의 상징적 인물인 신상현이 기습받았다고 하자 일거에 몰려들었고 범 호남파 조직원들을 잡기 위해 혈안이 되었다. 신상사파의 보복을 피해 호남파 후견인을 맡던 조창조는 몸을 피해 도망치다 결국 신상현을 찾아가 무릎을 꿇게 되고 오종철과 조양은 역시 경찰에 자수하게 되면서 사건이 막을 내린다.

이때 범 호남파 소속이던 번개 파가 신상사에게 붙게 되고 번개파 행동대장 김태촌이 서울 주먹계에 등장하며 신상사파의 후원으로 급성장한다.

1980년대에는 OB파와 양은이파, 범서방파가 전국의 3대 조폭으로 불렸다. 조직 이름 '서방파'는 김태촌의 고향인 서방面(현 광주광역시 북구 일대)에서 따와서 경찰에서 붙인 것이다. 이들이 매스컴의 영향으로 이름이 널리 알려졌을 뿐 진짜 전국구 급의 보스들은 아니다. 3대 패밀리들의 후계자들이 진짜 전국구인 것이다. 김태촌은 "징역을 너무 오래 살다 보니 고통스럽다. 보스고 건달이고 조직이고 다 지겹다. 솔직히 나나 조양은이나 무슨 두목이냐. 우리는 평생 교도소나 다니는 실패한 인생이다. 진짜 두목들은 뒤에 있다."

　　그는 자신이 인정하는 주먹계 보스로 정종원, 신상사, 조일환, 이승완, 박종석, 정학모, 이강환 씨 등을 꼽았다.

명동파출소의 추억

박정희 유신정권은 군사문화에 반하는 일상까지 범죄로 단정했다. 여성들은 무릎에서 17cm 이상 올라가는 치마를 입을 수 없었고 남자들은 귀를 조금이라도 덮는 머리를 기를 수 없었다. 1973년에만 1만2.870명이 경찰에 의해 장발 단속이 되어 강제로 헤어가 잘렸다. 운동권 노래도 아닌 대중가요가 금지 된다. 송창식의 '왜 불러' 반항적이라고. 한대수의 '물 좀 주소'는 물고문을 연상시킨다고. '행복의 나라로'는 지금 행복하지 않다는 느낌을 준다고. 이장희의 '그건 너'는 남 탓을 한다고, 조용남의 '불 꺼진 창'은 불이 왜 꺼져 있냐고. 이금희의 '키다리 미스터 김'은 키 작은 박정희 자존심을 건드린다고 유신시대 금지곡이었다. 1976년 5월 31일 오후 6시, 처음으로 전국적으로 동시에 반상회가 열렸다. 전국 671만 가구에서 한 명씩 참석하게 했는데, 526만 명이 25만 5.000 곳에 모여 참석률이 78.4%였다. 반상회는 매달 1일인 새마을의 날 전날 저녁에 열려 반장과 구청 직원이 참석해 출석을 점검했고 불참에 대해서는 벌금을 물리기도 했다.

1968년 프랑스에서 〈금지하는 모든 것을 금지한다〉는 68혁명(프랑스 5월 혁명, May 68)이 벌어졌다. 파리10대학 학생들은 '여자 기숙사 출입불가' 규정에 반대하는 시위를 벌였다. 통제에 대한 거부 운동은 파리 전역의 대학에 퍼졌고 미국은 베트남전쟁을 반대하는 반전운동으로 퍼졌고 1970년 한국의 젊은이들은 군사문화를 저항하는 장발과 보수적 사회에 자유로운 미니스커트로 세계 흐름에 따랐다. 명동에 젊은이들이 모이니 명동파출소는 매일 장발과 짧은치마 단속에 정신이 없었다.

명동파출소는 1929년 명동2가88에 중부경찰서 명동파출소로 시작되었다가 1966년 12월3일 명동2가 50-13에 대지 54.9㎡(16.3평) 연 면적 152.34㎡(46.1평)으로 신축하여 이전했다. 2006년 구역 조정으로 남대문경찰서 태평로 지구대 명동치안센터로 있다가 1966년 이후 단 한 번도 인테리어 없던 곳이 2009년 3억 예산을 들여 명동성당 보양으로 대수선 되었다. 평당 10억이나 하는 대지가 16.3평이니 163억이다. 땅 소유는 서울시이고 무상임대로 사용하고 있다.

전진상 교육관, 히든 챔피언

전진상 교육관

전진상교육관은 1957년 당시 가톨릭교회 안에 지성인 여성교육과, 평신도 지도자 교육의 필요성을 절감하고, 이에 대한 응답으로 설립되었다. 지방과 대학의 여대생들이 기거하면서 그 시대의 지성인 여성으로 사회를 이끌어 갈 소양과 역량을 키워나갈 수 있는 징이 됨과 동시에 최초의 다양한 가톨릭 운동과 평신도들 교육을 위한 센터가 되었다. 가톨릭 학생회, 가톨릭 여성연합회, 노동청년회 등 이곳에서 시작한 여러 단체들이 자립해서 떠난 후에, 센터 안에서는 민주화의 시급성에 따라 성인들을 위한 사회교육, 민주시민 의식교육의 필요성을 절감하고 월요강좌, 노자 강의 등등의 자체 교육프로그램을 마련해서 진행하여 의식 있는 시민들의 많은 호응을 얻었다. 이러한 교육활동을 근간으로 전(全).진(眞).상(常) 교육관이 탄생하게 되었고 1970년대 80년대의 우리나라의 민주화 운동의 산실로서 당시의 시민사회 교육에 큰 기여를 했다.

친구와 명동을 걸었다. 친구가 명동1번가를 지나다가 전당포 '한양사'를 보면서 웃으며 대학 시절 보육시설 혜심원에 봉사를 마치고 같이 봉사한 두 자매와 뒤풀이로 오무라이스를 먹자고 하니 친구는 스테이크를 먹어야 하지 않겠냐고 하며 잠시 후 어디를 다녀온다고 하고 조금 늦게 왔는데 그때 '한양사'에 세이코 시계를 맡기고 돈을 마련했다고 이야기 해주었다.

어머니와 영상통화로 명동성당을 보여드렸다. 이어 내려와 건너편 숨어 있었던 보물 '향린교회'를 본다. 나는 한국 교회 역사에 참 소중한 교회 5개를 꼽으라면 그 하나로 향린 교회를 꼽는다. 지금은 이전을 했다. 영화 '1987'에서 설경구가 경찰에 쫓겨 숨은 교회가 향린교회(영화에서는 향림교회)다. 독재 권력들의 불의가 우리들에게 굴종을 강요할 때, 맞짱을 뜨며 공의에 몸을 던진 이 교회를 주님이 참 예뻐하실 것으로 확신하며 그래서 진정 구원이 있는 복음의 교회다. 1953년 무형의 교회, 공동체를 지향하며 세워진 향린교회는 대다수 교회가 물량주의를 지향하고 부당한 권력에 침묵할 때 향린교회는 당당하게 교회의 사명과 본질을 이루고 지키는 데 있어서 주저함이 없었다.

명동은 빛이 있고 그만큼 그림자도 있다. 만남은 찬란하고 이별은 깊다. 이별의 옴니버스 이야기가 명동을 더 정으로 인생을 더 찐하게 만나게 된다.

명동은 이별의 옴니버스

① 여배우 김연실 & 최은희

시인 이상과 변동림이 만난 곳은 '낙랑파라'다. 낙랑파라는 1931년 화가 이순식이 운영한 조선인이 경영한 명동 최초의 다방이고 명동에 다방 시대를 열게 한 선도자였다. 어떤 사람은 한국 최초의 카페라고도 하는데 각기 주장하는 곳이 여러 곳이라 그렇다고 말하기는 그렇지만 명동 최초의 카페임은 분명하다. 낙랑 파라는 '樂浪 Parlour'다. 즐거움을 주는 공간이란 뜻이다.

낙랑파라 사진 | 한국근대미술사학회에서 인용

작가이며 경영자 이순석은 동경미술학교 응용미술학과를 졸업했다. 이후 그는 화신백화점 인테리어를 감당했고 돈을 모아 지금의 서울시청 프라자 호텔 뒤편에 2층을 빌려 1층은 카페를 2층은 이순석의 아틀리에로 사용했다. 이름을 낙랑으로 쓴 것은 당시 낙랑시대에 대한 유물발견이 붐을 이루었고, 이순석은 이런 영감을 얻어 카페를 열었는데 고객으로는 박태원, 이상, 구보, 정지용, 안석영, 최정희, 함대훈, 이헌구, 김광섭, 김기림, 모윤숙, 노천명, 장덕조였다. 영화인으로는 문예봉, 이명우, 나운규, 김유열이 들락거렸다. 당시 단골 박태원의 글을 보자

'내가 들어갈 때 쳐다보는 사람들은 모두 낙랑의 때가 묻는 사람들이다. 사람들은 '저자 또 오는군!' 이렇게 생각했을 것이다. 이들은 '저자는 무얼 해 먹고 살길래 벌써 찻집 출근이람?' 이렇게 말했을 것이다. 이순석은 눈물 천재다 무슨 이야기를 하면 아! 하고 눈물을 흘린다.' 이태준은 '장마'라는 소설에서 이곳에서 김삼용이나 이희승을 만날지 모른다고도 썼다.

이곳은 음악가 화가 문인들이 모여 음악을 듣고 작품을 감상하고 문학회를 열고 자신들의 문화를 만들어 간 명동의 문화 허브다. 가장 많이 들려준 음악은 '추억'이었다. 직원들은 미소로 고객 서비스를 했다. 화가 구본웅의 개인전, 시성 괴테의 백 년 기념제도 열렸다. 그리고 마담으로는 당시 최고의 배우 김연실을 스카우트했다. 카페 주인이 작품에 전념하기 위해서 다방을 그만두게 되자 마담인 김연실

은 1935년 다방을 인수하여 사장이 된다. 여배우 김연실은 이름을 '낙랑파라'에서 '낙랑'으로 바꾸었고 해방 후에는 명동 문예서림 앞으로 장소를 옮겨 다시 오픈했다.

김연실(1911~1997)은 일제 강점기에 주로 활동한 배우이며 가수다. 오빠 김학근은 우미관과 단성사의 변사였고 동생 김학성은 촬영감독이었다. 김연실은 김학근의 소개로 나운규가 '잘 있거라'(1927)에 출연한 것을 계기로 영화계에 입문하였고 토월회와 태양극단에서 활동하며 연극 무대에 섰고 당시 문화예술인들이 그러하듯 김연실은 진보적인 사회주의자였다.

김연실은 명동에서 이념이 선명한 배우로 유명했다. 1937년도 기록을 보면 그녀는 제일 많이 출연한 다작 배우였다. 미군정 점령기인 1947년에 신인배우 최은희와 함께 영화에 출연하며 가까워졌고 그녀의 남동생 김하선가 최은희의 결혼을 성사시키는 역힐을 한다. 김연실은 좌익계 언론인과 연인이 되어 전쟁 중에 같이 월북하였으며 북에서 인민배우로 활동한다.

월북할 때 김학성과 최은희도 따라간다. 김학성은 '새로운 맹서' 영화를 찍으며 최은희와 만나 그해 결혼했다. 김학성은 재혼이었다. 두 사람 나이 차이는 13년이었다. 최은희 말을 빌리면 결혼은 어린 나이에 얼떨결에 이루어진 것으로, 전처소생의 아이까지 키워야 하는 여건 속에서 김학성의 알콜 의존과 폭력성을 견딜 수 없었다고 말한다. 북에서 남으로 온 최은희가 신상옥과 교제하자 김학성은 간통

죄로 두 사람을 고소하기도 한다. 당시 영화계는 김학성에 대해 동정적이었다. 후배에게 부인을 빼앗겼다는 이야기가 돌면서 신상옥과 최은희는 따돌림을 당했다.

운명일까 배우 최은희는 신상옥과 다시 북으로 갔다 온 특별한 삶을 살았다. 사랑은 당사자만이 알 수 있고 우리는 그냥 이런 이야기도 있었음을 흘러가는 밀로 들을 뿐이다.

② 중국집 동순루 바이주 이별의 눈물

취기가 오른 여배우 남궁연이 명동에 있는 중국집 '동순루'에서 김기림의 시를 외운다.

아무도 그에게 수심(水深)을 일러준 일이 없기에
흰나비는 도무지 바다가 무섭지 않다.

청무우밭인가 해서 내려갔다가는
어린 날개가 물결에 절어서
공주처럼 지쳐서 돌아온다.
삼월 달 바다가 꽃이 피지 않아서 서글픈
나비 허리에 새파란 초생 달이 시리다.

이렇게 남궁연이 시를 낭송하면 박인환은 미소로 바라보고 옆에 있던 명동 예술인들은 건배를 이어간다. 병을 들고 '다 마시자 우리

가슴이 채워질 때까지' 이렇게 외친 남궁연에게 빠지지 않는 한량은 없었다. 남궁연은 뭇사람들에게 푸시킨의 시를 외우며 감성에 빠지게 했다.

삶이 그대를 속일지라도
삶이 그대를 속일지라도 슬퍼하거나 노여워하지 말라

슬픔의 날 참고 견디면 기쁨의 날이 오리니
마음은 미래에 살고 현재는 늘 슬픈 것
모든 것은 순간에 지나가고 지나간 것은 다시 그리워지나니
삶이 그대를 속일지라도 노하거나 서러워하지 말라

절망의 나날 참고 견디면 기쁨의 날 반드시 찾아오리라
마음은 미래에 살고 현재는 언제나 슬픈 법
모든 것은 한순간에 사라지지만 가버린 것은 마음에 소중하리라
삶이 그대를 속일지라도 슬퍼하거나 노하지 말라

우울한 날들을 견디며 믿으라, 기쁨의 날이 오리니
마음은 미래에 사는 것 현재는 슬픈 것
모든 것은 순간적인 것, 지나가는 것이니
그리고 지나가는 것은 훗날 소중하게 되리니
삶이 그대를 속일지라도 슬퍼하거나 노하지 말라

설움의 날은 참고 견디면 기쁨의 날은 오고야 말리니

동지처럼 명동의 밤은 그냥 깊어졌다. 동순루의 영업시간은 남궁연으로 집으로 가는 시간이다.

푸시킨은 러시아의 사랑받는 국민 시인으로 36살에 권총 사격을 받고 죽는다. 푸시킨은 러시아 최고의 미인인 곤차로바(1812~1863)에게 프로포즈를 한다. 푸시킨은 곤차로바와 청혼을 받아들였다. 그리고 아들 알렉산드르, 그리고리, 딸 마리야, 나탈리야를 낳았다.

곤차로바는 상류층 최고의 인기인이었고 러시아 황제 니콜라이 1세와 스캔들이 있었다. 푸시킨은 이런 소문에 처음에는 무덤덤한 반응을 보였지만, 나중에 정신적으로 큰 타격을 받는다. 물론 푸시킨도 여성 편력으로 유명했다. 결국 노름을 좋아한 푸시킨과 사치를 좋아한 곤차로바 부부는 파산 상태에 이른다. 푸시킨은 곤차로바가 염문을 일으키고 다니고 있다는 익명의 투서를 받는다. 푸시킨은 곤차로바와 가까운 프랑스인 근위대 당테스가 범인이라고 확신했고 당테스에게 결투 신청을 한다. 당테스와 처제가 결혼을 하는 바람에 결투는 취소되었지만 그러나 곤차로바와 당테스를 둘러싼 염문이 이어지고 푸시킨과 당테스는 결국 결투를 했다. 결투에서 푸시킨은 치명적인 총상을 입고 쓰러졌다. 푸쉬킨은 이틀 후 사망했다.
푸시킨은 죽기 전 서재에 꽂혀있던 수천 권의 책을 생각하며 "안녕, 친구들!"이라고 말했다고 한다. 그의 독서광 기질을 읽을 수 있다. 곤차로바를 마지막으로 만나 "나의 죽음 때문에 자책하지 마요 그러니 자유롭게 살아요" 이후 "끝장이야... 내 목숨..."이라고 하며 숨을 거두었다. 이런 그의 이야기를 감정이 깊고 깊은 여배우 남궁연은 감정이입을 안 될 수 없었다.

백알이 몸으로 내려갔다 올라오는 기운에 남궁연과 박인환은 문학의 사랑 예술의 사랑을 느끼며 주고받는데 술 마무리 남궁여우 푸시킨의 시 하나를 더 낭송한다. 술값은 늘 남궁연이 냈다고 한다.

> 시인이여! 사람들의 사랑에 연연해하지 말라
> 열광의 칭찬은 잠시 지나가는 소음일 뿐
> 어리석은 비평과 냉담한 비웃음을 들어도
> 그대는 강하고 평정하고 진지하게 남으라
> 그대는 황제, 홀로 살으라. 자유의 길을
> 가라, 자유로운 지혜가 그대를 이끄는 곳으로
> 사랑스런 사색의 열매들을 완성시켜 가면서
>
> 고귀한 그대 행위의 보상을 요구하지 말라

방송작가 김광조 부부는 명동에 '라아뿌룸' 다방을 차렸다. 라아뿌룸에는 시인 박인환을 필두로 방송인들인 강문수, 윤길구, 이계원, 이진섭 등이 단골로 드나들었다. 여배우 남궁연이 이곳에 자주 와서 차 한 잔과 나누며 예술인들과 수다를 나누다가 호기 있게 예술인들을 중국집 '동순루'로 몰고 가 청요리와 백알을 샀다. 남궁연은 박인환과 교제한 것이 아니라 술친구였다. 가족이 있는 남자를 사랑했고 그 사랑에서 헤어날 수 없었고 그러면 술이 그하고의 감정을 이어주는 연결이었다. 사람들은 잊으라고 그만하라고 그녀에게 말했지만 남궁연은 명동에서 산다는 것은, 명동을 사랑한다면 사랑이 우선이라고 고집을 부렸다.

남궁연은 박인환을 통해서 김기림을 소개받고 그의 문학에 빠진다. 사랑이란 감정에만 빠져있는 것이 아니라 남궁연은 시인을 사랑했고, 시와 사랑을 일치시키며 살아간 명동의 보헤미안 에스메랄다였다. 시인이며 문학평론가 김기림(1908년 ~미상)은 TS 엘리어트의 영향을 받다. 모더니즘 이론을 한국에 소개한 인물이다. 소위 감상주의 문학을 지양했다. 그는 오전의 시라는 별명을 가졌고 도시를 주제로 다룬 작가였다. 시인 이상의 친구이고 정지용, 이태준과 함께 구인회 활동을 했다. 1930년 모더니스트는 해방 이후는 좌편향의 문학을 지향했다. 생활에 민감한 작가였다. 그리고 여운형을 지지했다가 미군 폭격으로 사망했다는 것이 정설이다.

③ '아름다운 것은 모든 것에 앞선다' 는 복서 시인 배인철 피격되다.

독특한 명동 식구가 한 사람 나타났다. 권투선수 시인인 배인철

(1920~1947)이다. 배인철은 미군 부대에서 통역으로 근무하니 월급은 많았다. "친구 반갑습니다" 손을 잡고 인사한다. 작가 배인철과 슈산보이와의 대화다. 누구하구나 격이 없이, 특히 어려운 사람들과 시선을 마주치며 그들의 눈높이와 같이 한 배인철은 권투선수였으니 명동의 히든 스타였다. 시인이었고 말과 행동이 같은 진보 의식이 있던 쾌남 상남자다. 배인철은 친구들이 정해져 있지는 않았지만 낄낄 빠빠 하며 명동 문인들과 잘 어울렸다.

명동 노점 상인들은 배인철을 보면 기분이 좋아졌다고 하며 배인철을 자랑했다. 술이 몸에 받지 않아 자신은 마시지 않았지만 술값 내기를 좋아했고 특히 고급 브랜드 술을 갖고 와 선물했다. 이렇게 2년 명동이 명랑시인 배인철은 명동을 즐겁게 한 사람이다. 그런 그가 어느 날 사라졌다. 미군이 좋아하는 여인이 배인철을 좋아하자 미군은 질투로 그에게 총을 쏘았다. 그러나 이것은 만들어진 이야기다. 실은 배인철은 우익에 테러를 당했다. 해방 후 흑인 병사들과 가깝게 지냈고 그의 작품에는 약소민족의 아픔이 녹여져 있었다. 이런 그를 미군은 위험하게 보았고 결국 1947년 장충단공원에서 배인철은 훗날 시인 김수영의 아내가 된 김현경과 데이트를 하다 미군에 의해 총격 피살되었고 치정 관계로 급조되면서 수사가 종결된다.

시인 김광균, 이시우, 이해관 등 많은 문인들이 인천까지 내려가 배인철의 상여를 묘지까지 운구했다. 흑인 시를 쓰는 이로 알려진 그는 미군의 첫 상륙지점인 인천에서부터 시작되었다. 범인이 누군지도 모르고 밝혀지지 않았는데 치정사로 단정한 그런 시절이 그 때 있었다. 이 글이 배인철을 다시 알게 하는 계기가 되면 하는 바램이다.

아프리카 연안 SLAVE COAST는 아직도 울고 있는가
깊은 바닷속 물결이 일 때마다 네들의
울음소리 내고 있는가
그렇다
1619년 열두의 흑노(黑奴)가
화란선(和蘭船)에 이끌린 다음 첩첩이 쌓인 헤아릴 수 없는
검은 송장이
고향 잃은 몸들이 노예선의 바닷길
바닷길을 지은 것이다

흑인들이여
젊은 몸 붉은 피 이기지 못하여
파리로 모스크바로 달리는 동무들이여
또한 내 흑인부대(黑人部隊)여
이 고장 떠난 자유로운 내 땅에서도
또다시 새로운 노예상(奴隸商)
아니 낯 설은 손님마저
SLAVE COAST를 그리고 있다

노예무역의 역사적 배경과 상황이 생생히 돈다. 특히 '새로운 노예상'이란 시어에 배인철의 시(詩)는 약소민족 겪는 코리아의 아픔까지 투영되었다. 배인철은 니혼대학에서 영문학을 전공했다. 그는 인천 미군 부대의 흑인 병사들과 가깝게 지냈다. 배인철과 일본 유학 중 공동생활을 했다는 이경성(1919~2009) 인천시립박물관장의 회고록 '아름다움을 찾아서' 등에 따르면 배인철은 유학 당시에는 블레이크(William Blake)와 워즈워드(William Wordsworth) 등 신비주의나 낭만주의 쪽에 심취했다고 한다.

배인철은 '아름다운 것은 모든 것에 앞선다'면서 까만 양복에 빨간 장미를 꽂고 다녔던 오스카 와일드를 흉내 낼 정도였으며, 고베 출신의 여성과 아주 열렬한 사랑에 빠졌다고 말했다. 만석동에 있는 미군 부대에 자주 들러 흑인 병사들과 어울린 배인철을 따라 이경성도 흑인 병사들과 인사를 했다고 하며 그 무렵 배인철은 흑인 문학에 심취해서 〈권투 선수 조 루이스에게 바치는 노래〉라는 시를 썼다고 했다.

조 루이스를 흠모한 배인철은 권투를 배웠다. 그의 작품은 〈노예 해안〉〈쪼 루이스에게〉〈백제〉〈흑인녀〉조병화가 '현대문학' 1963년 2월호에서 소개한 〈흑인부대〉가 있다.

배인철이 명동에 오면 늘 만나던 문인들은 박인환, 김기림, 오장환, 김광균, 현덕, 함세덕, 임호권, 이병철, 정지용들이다. 안도섭의 실명 소설 '명동시대'는 박인환과 배인철 얘기로 시작한다. 1946년 봄, 박인환이 문을 연 서점 '마리서사'에 배인철이 들러 책을 사는 장면이다. 이렇게 첫 페이지를 연 '명동 시대'는 배인철에 많은 부분을 할애했다. 배인철은 해방 직후 2년여의 짧은 시기를 보냈지만, 우리 문단을 주도했던 젊은 문인들 가슴 속에 굵직한 추억을 남겼다.

배인철은 제물포고교 영어 교사를 맡기도 했다. 1947년 5월 10일 오후 6시 30분께 서울 남산 장충단공원 산책로에서 총성이 울렸다. 데이트 중이던 젊은 남녀 한 쌍이 쓰러졌다. 머리를 맞은 남성은 즉사했고, 여성은 옆구리 관통상을 당했지만 목숨에는 지장이 없었다. 배인철과 김현경이었다. 김현경은 당시 이화여대 2학년 영문과에 다니고 있었다. 김현경은 후에 시인 김수영과 결혼했다.

동아일보는 역시 5월 13일 자 기사에서 '3각 관계? 질투의 총탄 백주에 남녀를 살상'이라는 제목으로 치정 관계 쪽으로 몰아갔다. 동아일보는 당시 경찰이 흘린 정보를 그대로 실었다.

배인철 사망 이후 발표한 김광균과 임호권의 조시(弔詩)가 남아 있고, 1947년 12월 오장환은 '남조선의 문학예술'이란 산문 말미에 '끝으로 이 수기를 1947년 5·1절이 지난 며칠 후 남산 미군 사격장 부근에서 알 수 없는 죽음을 한 시인 배인철 동지에게 주노라'라고 덧붙이면서 다시 한번 고인의 명복을 빈 바 있다.

문예서림, 자본주의와 맞짱 뜨다

"물론 지금은 이 거리에서 책방이 어울리지 않지요. 하나 나마저 그만둔다면 명동은 이제 암동이 될 것 아니오." 명동에 유일한 서점이었던 문예서림 김희봉 대표(1916~1983)가 1977년 중앙일보 인터뷰에서 한 말이다. 그의 말이 이어진다. "책방에 눈독을 들인 사람들이 하루가 멀다고 찾아와 땅을 팔라고 졸랐고 투자 금융 회사는 시가의 2배를 주겠다고 유혹해도 대꾸도 하지 않았다. 아들까지도 나를 설득하려 했으나 내가 망속에 묻힐 때까지는 어림도 없다고 딱 잘라 거절했다."

명동 입구에서 책방을 죽을 때까지 해내신 이분이 찐 선비였다. 그는 운동으로 다져진 몸이라 어깨들도 조심스러워했다고 한다. 책에 미친 이 사나이가 명동에 온 모든 문인과 지망생들에게 24평 문예서림 지식의 오아시스가 되었다. 그리고 김희봉 대표는 헤밍웨이의 '바다와 노인'이 54년 노벨상을 받기 1년 전 1953년 정봉화 기자의 첫 번역 작품을 대신출판사(대표 김희봉)이름으로 출간한다. 명동에는 33

개의 서점이 있었다. 이런저런 이유로 다 문을 닫고 고집스런 이 선비에 의해 유일하게 명동을 지키는 지식창고로 남았다. 문예서림은 그의 사후 7년간 운영되다 90년에는 문예림 이름으로 어학 전문출판사로 발전하여 현재 파주에 있다.

최경자(1911~2010)은 최초의 패션디자이너다. 전쟁 후 여성들의 사회진출이 시작되었다. 1954년 명동 국제 양장사가 생겨 여성들 사회활동의 격 있는 패션을 도왔다. 1950~60년대 멋진 여성들의 옷을 사진을 통해서 보는 것은 바로 최경자 디자이너 때문이라고 해도 과언이 아니다.

그녀는 자신의 성공으로 만족하지 않고 1961년 국제복장학원을 만들어 앙드레 김, 이상봉, 박춘무, 이신우, 박윤수, 루비나, 명유석, 한승수 등 국내 패션계를 이끄는 제2세대와 디자이너들을 배출하며 한국 패션디자인계와 교육계의 발전에 큰 공헌을 한다.

명동에 746평 쉼터가 있었다. 제일백화점 자리(현 자라가 있는 엠프라자)였다. 분수와 나무들 어린이 놀이터가 있었다. 1966년 서울시장에 부임한 김현옥 시장이 서울시 땅인 이곳을 건설업자에게 팔았다. 이렇게 명동이 타락해 갈 때 명동의 문인들은 명동의 비인간화에 숨을 쉴 수 없어서 명동을 떠났다. 그때 시인 조병화의 말이지만 모든 문인들의 탄식이었다.

"이제 명동은 사랑이 섹스로, 우정이 사무로, 인간이 돈과 권력으로, 예술은 매스컴으로 바뀌었다" 명동을 조금 더 깊게 소비되었으면 좋겠다. 마치 칼국수 먹고 명동을 다 체험한 것처럼 하지 말고 품과 격 있는 더 좋은 소비자로 되어가는 한 걸음만이라도 이동되면 좋겠다.

구도심을 걷다 충무로 끝자락에 있는 3층 카페에 올라 옛 충무로 길을 그린다. 2010년부터 이곳 새 도로명이 바뀌어 충무로는 남산골 한옥마을에서 창덕궁으로 가는 방향 청계천까지다. 그러나 2010년 이전에는 한국은행 앞 광장에서 중앙우체국 한성화교 밀리오레 명동성당 백병원 명보극장과 대한극장을 지나 충무초등학교까지가 긴 길이 충무로였다. 충무로는 우리가 보통 생각하는 단선 직선대로가 아니라 당시는 혼마치라고 해서 구불구불 길고 2차선을 넘지 않는 보행우선인 좁은 도로다.

역사속에 에스프리

코리아 넘본 일본의 마음 벅차올랐다

섬나라, 지진이 일어나는 일본인들의 꿈은 대륙으로 일본이 확대되는 것이다. 조선은 일본의 식민지를 넘어 그들의 새 조국이었다. 당시 경성인구가 40만이 넘지 않았는데 이 가운데 일본인이 십만 명이 넘었고, 청계천 남쪽 충무로 반경인 명동에서 인현동까지 주민 중 일본인 비율은 90%에 달했다. 조선시대 남촌 진고개는 6품 이하 하급 관료들이 사는 밀집 집성촌이었다. 북촌이나 서촌은 조선 고위 관료들이 많이 살기에 부담이 되었던 일본은 이곳을 그들의 핵심 도시로 만들기 위해 조선인들을 밀어내고 거주의 으뜸이란 뜻 '혼마치(本町)'를 만들었다.

자본과 기업, 경찰과 상업시설 문화시설 등이 결집된 시설을 만들었다 화려함은 일본 최고의 긴자거리를 능가했다. 그들의 새 조국이기에 아낌없이 투자하고 진출했다. 명동은 지금 충무로의 일부였다. 보통 영화 쪽에서 충무로를 말하는 것은 명동을 말하는 것이다. 남산 한옥마을 자리 주변에 조선 총독부와 헌병사령부가 있어서 치안이 유지되었고 하나은행 본점 자리에 동양척식주식회사가 있어서 조선의 토지, 경성의 토지가 일본인의 토지로 바뀌었다. 일본은 조선인 토지 지주들에게 토지 등록을 하라고 하였다. 불안을 느낀 지주들은 등록을 하지 못했다. 그 토지가 전체 사유지의 40%가 되었고 일본은 이것을 취했고 등록한 토지 지주들을 통해서는 이전보다 세금을 두 배를 더 받았다.

토지를 강제 수용한 일본은 본토 일본인들에게 싼 가격이 넘겨 일본인들이 조선에 진출하게 하였다. 조선은행(현 한국은행) 식산은행(현 산업은행)을 비롯해 모든 은행들이 혼마치 중심으로 만들어졌다. 얼마나 화려한 소비도시였냐면 1904년 일본에서 최초로 백화점을 설립했던 미쓰코시가 1930년 10월 24일 조선부청(경성부) 자리에 현 신세계백화점인 경성 미쓰코시(삼월)백화점이 준공된다.

1939년엔 미도파백화점의 전신인 조지아백화점이 들어왔다. 이후 조지아 백화점을 위해 지금 명동의 길이 10m 도로로 확장된다. 현 대연각 타워 자리엔 히라다(平田)상점은 1904년경 서울에 들어와, 1926년 히라다 백화점을 만들었다. 또 현 명동밀리오레 자리엔 미나카이 백화점이 1911년 진출했다. 남산 선비들이 모여 살고 이황, 유성룡, 이항복, 정약용, 허균 등 조선시대 변화와 개혁의 인물들은 이곳에 이어지지 못하고 씨가 말랐다. 조선은행 앞 광장(鮮銀前廣場) 중심으로 조선은행, 경성우편국, 삼월백화점이 혼마치의 랜드마크였다. 현 충무로1·2가는 명동 관할 충무로3가는 필동 관할 충무로4·5가는 광희동 관할이다.

동양척식주식회사 해방 후 내무부 | 나무위키에서 동양척식회사 사진인용

나석주는 축구선수 메시

　행정안전부는 1970년까지 '내무부' 란 이름으로 명동에 있었다.
그때 동양척식주식회사(현 하나은행 본점자리)건물을 그대로 사용했다.
내무부 장관 최인규가 이승만, 이기붕에 충성하며 공무원과 경찰을
동원해 3.15 부정선거를 만들고 규탄하는 시위대에 발포 명령을 내린
일이 떠오른다. 동양척식회사에 폭탄을 던진 나석주 열사 이야기를
나눈다. 1908. 12. 28. 동양척식주식회사가 설립(법률에 의한 한일합작
이중국적회사)되었다.

1928년 12월 28일을 일단 기억하자.

1918년 토지조사사업 완료됐다. 토지를 빼앗기 위해 동양척식회사는 근대적인 토지 소유관계를 확립한다는 명분 토지 소유권과 땅값을 조사하고, 땅을 측량하는 토지조사사업을 시행했다. 사업은 땅의 소유권을 인정받으려면 기간 안에 그 땅의 소유자라고 신고해야 하는 방식으로 진행됐다. 이것을 통해서 총독부는 조선인에게서 두 배로 많은 세금을 걷었고 40%나 되는 조선인의 땅이 미등록이란 이유로 일본이 소유하게 된다. 이것을 일본인 1만 명과 친일 조선인에게 싼값에 양도했다. 이들은 조선 농부를 착취했고 토지를 상실했거나 힘든 소작농들이 고향을 떠나 북간도로 가게 된 것이다. 조선의 주인들이 떠난 계기가 동양척식회사의 횡포 때문이었다.

농민에게 토지는 삶 자체였다. 1920~1930년대에는 동양척식회사를 상대로 소작농들의 저항이 일어났다. 특히 1926년 동양척식회사가 세워진 12월28에 의열단원 35살 나석주(1892~1926)가 폭탄을 투척한 사건은 농민의 분노, 국민의 분노였다. 나석주는 황해도 출생하여 23세에 중국 북간도로 망명하여 4년간 신흥무관학교에서 군사훈련을 받고 귀국하여 항일공작원으로 활동했다. 임시정부 경무국에서 일하였고 김구와 김창숙과 긴밀하게 소통하는 청년이었다. 12월28일 지금 롯데호텔 자리에 있던 식산은행에 오후 2시에 폭탄을 던지고 바로 뛰어 오후 2시 15분 동양척식회사에 폭탄을 던지고 추격해 오는 일본 경감 다하타 유이지 등 7명을 사살하고 스스로 총으로 자결했다. 그는 동지들에게 다음과 같은 편지를 썼다.

"이것이 내가 이 세상에서 쓰는 마지막 편지가 되는 것 같소. 성공하던 실패를 하던 나는 결코 살아서 돌아올 사람이 아니니, 이것이 나석주의 유언이라 생각하고 매사에 매진길 부탁하오. 만약 성공하더라도 왜놈들에게 잡혀 구차한 목숨을 이어가면서 동지에 관한 정보를 흘리거나 자백을 하게 된다면 이는 독립운동가로서 죽는 것만 못한 더러운 삶이 될 테니, 성패 간에 나는 자결로서 최후를 마칠 각오가 서 있소"라고 자결할 각오임을 알렸다. 나석주는 삼성당 건재약국 앞 전신주에 발걸음을 멈추고 외쳤다.

"우리 2천만 민중아. 나는 조국의 자유를 위하여 투쟁하였다. 2천만 민중아. 분투하여 쉬지 말아라." 달려드는 일경을 향해 권총을 난사하고 자신의 심장을 향해 총을 쏘고 정신을 잃었다. 일경들이 차에 싣고 병원으로 데려갔다. 의사가 주사를 놓아 정신이 들었을 때, 그의 신분과 소속에 대해 물었다. "나는 황해도 재령의 나석주이며 의열단원이다"하며 숨을 거두었다.

해방 전후 명동의 많은 땅들은 그 유명한 낙랑클럽 회원들에게,

서북청년단 임원들에게 아주 싸게 내무부를 통해서 불하된다. 그래서 나는 땅 과부자(過富者)들의 근본이 결코 옳지 않다고 확신한다. 1999년 11월 그를 추모하기 위해 거사 장소 앞에 나석주 열사의 동상이 건립되었다.

나석주 동상

이재명의 꽃 칼 역사를 가르다

이재명 오인성 사진 | 2018년 3월 국민일보 '한국기독역사여행'에서 인용

    1893년 종현 성당이 세워 진다.(1945년에 명동성당으로 이름 변경) 1784년 통역관 김범우의 집에서 이승훈과 정약용 3형제, 권일, 이벽이 첫 신앙모임인 '명례방 공동체'를 시작하며 최초의 천주교회가 생긴 이후 백 년이 지난 이 자리에 성당이 완공되었다. 이 감동적인 종현 성당 앞에서 1909년 12월 22일 23살 애국청년 이재명은 군밤을 팔고 있었다. 콩고의 양민 이천만 명을 학살한 악명 높은 벨기에의 네오폴드 2세 황제추모식이 종현 성당에서 있었다. 이재명은 이완용 총리대신이 추모식에 참가한다는 정보를 갖고 군밤 장사로 위장하며 기다리고 있었다. 그리고 성당에서 오전 11시경에 나와 인력거로 귀

가하던 이완용을 이재명은 덮친다. 제지하는 경호원을 한순간 제압 제거하고 '조선의 꽃 칼로 너를 응징한다'고 하며 이완용의 어깨와 배를 세 번 찌른다. 이재명은 현장에서 체포되었고 혼수상태에 빠진 이완용은 대한의원(현 서울대학교병원)에서 긴급수술로 목숨을 건진다.

수사를 심하게 하며 막 대하는 조사관들에게 이재명은 "나는 조선의 청년이다. 나를 함부로 대하지 마라" 라고 말하고 담배를 달라고 하며 당당하게 재판과정을 받는다. 이재명은 왜 이완용이 처단되어야 하는지 8가지 죄목을 나열하며 자신은 범죄를 저지를 것이 아니라 당당한 의행을 했다고 말한다. 공범을 묻는 질문에 이천 만 조선 동포가 공범이라고 답한다. 1910년 9월 서대문 형장의 이슬로 사라진 날 그는 "생전에 이루지 못한 일이 한심스러울 뿐 죽어서 그 원한을 갚을 것"이라고 말한다.

원래는 총으로 암살을 준비했는데 김구가 이재명을 오해해서 총을 압수하는 바람에 이완용을 암살시키지 못했다. 김구는 훗날 이 일을 후회했다.

이재명 의사는 21살인 1907년에 성모 여학교 교사인 함 마리아의 소개로 17살 평양출신 '오인성'을 만나 결혼했다. 이완용 사건 후 요시찰 대상이 된 오인성은 이동휘 선생의 영향을 받으며 이동휘 선생의 딸들과 함께 교사 직업을 갖고 사회주의 독립운동을 했고 김원봉 의열단 활동자금을 마련한다. 귀국하여 3.1운동을 전개하다 체포된다. 이후 만주로 돌아가려고 하지만 병을 얻어(일부 독살설) 29살에 운명한다.

　　명동성당 앞에 있는 이재명 이사 의거 터에서 잠시 묵념을 힌다.

이재명열사 헌정비 사진

마돈나에 안 넘어갈 사람

전주부 목사의 아들이 파라다이스 창업자 전락원이다. 전락원의 누나는 수필가 전숙희이다. 1947년 명동성당 옆에 젊은 여성 3인이 다방 '마돈나'를 열었다. 3인은 전숙희. 손소희. 유부용이었고 얼굴 마담으론 미인 소설가 윤금숙을 채용했다. 미모의 예술인이며 혜성이란 문학잡지를 경영하는 능력 있는 여성들이고 자금력과 사교적 의지가 강한 이들이 단합했으니 사람들은 마돈나로 출근했고 마돈나는 그야말로 명동의 핫 이슈였다. 마돈나는 마리아란 뜻이고 성당 옆에 잘 어울리는 이름이고 이상화의 시 '나의 침실로'에도 나오는 이름이다. 김동리. 김송. 김영랑. 정지용. 조연현 등 문단 최고의 엘리트들이 모였다. 더욱 1949년 모윤숙이 발행한 '문예'를 이어받은 '현대문학'은 당시 최고의 등단 권한을 지닌 잡지였고, 이 여성들이 직접 간여를 했으니 '마돈나'를 요즘으로 말하면 대형 기획사라고 할 수 있다.

문파냐? 모파냐?

문인들은 정서적으로 문예싸롱파와 모니리지피로 니뉘이져 있있다. 문예싸롱이 문을 닫아 마돈나로 문파들은 옮겨갔는데 문단에서 성공한 시니어들과 엘리트들이 갔고 모나리자는 젊은 문인들이 모였다. 모파는 모나리자가 문을 닫은 후에는 동방살롱으로 옮긴다. 특히 마돈나는 남녀 간의 썸도 많았다. 김동리와 마돈나 경영자 중 한 사람인 손소희가 부부가 되었고, 소설가 김송은 마담 윤금숙과 결혼을 했다. 이렇게 마돈나는 늘 명동의 이야기공장이었다.

장충동 산책을 하다 파라다이스 본사 주차장 안쪽에 '한국현대문학관'이 보인다. 유명 작가들의 육필원고가 전시되고 있다. 전락원은 성균관대학교를 졸업한 후 올림포스호텔에 근무하다 1973년 한국관광공사로부터 워커힐 카지노를 인수하며 국내 카지노 사업의 대표주자로 활약했다. 전숙희는 이화여대를 졸업하고 소설을 쓰다 전쟁 후에는 통역관으로 활동을 했다. 그녀는 1983년~1991년 국제펜클럽 한국본부 회장을 했다. 이후 동생 전락원과 함께 계원예고 계원예술학교 등 계원학원을 설립했다. 현 회장은 아들 전필립으로 할아버지

전주부 목사가 예수의 제자 빌립보의 영어식 발음으로 지어준 이름이고 평강제일교회(개명 전 대성교회) 장로다.

손소희(1917년~1987년)는 소설가, 시인이다. 니혼대학교 영문학과를 중퇴했다. 1939년 '만선일보'에 시인으로 등단했고 기자를 지냈다가 김동리가 만든 1946년 우파 동인지 '백민'에 '맥(貊)에의 결별'을 발표하면서 소설가로 등단한다. 김동리(1913년~1995년)가 좌파 문인들과 갈등하면서 전쟁 중에 몸을 숨겨야 할 때 송소희 작가 집에서 3개월 있게 되면서 친해져 부부가 되었다.

3인의 여성작가가 운영한 마돈나는 호사가들의 이야기로만 평가되는 것은 부족하다. 여성들이 소비자로 참여하는 문단이 아니라 주체적으로 참여하며 박경리를 비롯한 많은 여성 문인들을 성장시키는 페미니즘의 공간이기도 했다.

예술인 특히 문인들은 명동 거리의 터줏대감이었다. 당시 국립도서관이 명동(현 롯데호텔자리)에 있었고, 국립극장이 있었고, 다방이 있었고, 술집이 있었고, 외상이 있었고, 언론사들이 있었고, 이성이 있었고, 선후배들이 있었기 때문이다.

'모나리자'는 한국전쟁 막바지에 제일 먼저 명동에 문을 연 다방이다. 배우이며 가수인 강석연이 운영한 까닭에 또 외상을 해도 타박을 하지 않는 그의 성격으로 문인과 당대 활동하는 가수들이 출입했다.

명동의 첫 음악다방 '은하수'에 대해 평론가 황문평은 '은하수다방에는 바바리코트 차림에 타임지나 라이프지를 든 인텔리들이 드나들었다'고 말했다. 일만 하는 개미인 산업화에 대항해 문화로 노는 베짱이 멋과 감성의 공가이었다

명동 다방의 구조는 경영자와 가오마담, 주방장, 그리고 주문받고 서빙 하는 레지(영어 '레이디'의 일본식 발음이라 하는 분도 있고 레지스터 register: 카운터에서 계산하는 사람에서 유래 되었다는 분도 있다) 재떨이 치우기 청소 등 허드렛일을 하는 '하꼬비'라는 명칭의 종업원이 있었다. 인스턴트가 나오기 전이기에 커피를 끓이고 뽑는 당시는 바리스타가 아니라 주방장으로 호칭 된 주방장에 의헤서 맛의 차이가 졌기에 실력 있는 주방장 모시기기 쉽지 않았다.

전쟁 이후 주한 미군들은 지금 신세계백화점 자리인 미군부대 PX를 통해 위스키를 사서 마셨다. 이 PX 등을 통해서 위스키가 외부로 나갔다. 당시의 위스키는 사치품으로 분류되어 주로 상류층들을 중심으로 유통되었는데 룸살롱에서 위스키를 마시는 것은 상류층으로 대접받는다는 뜻이기도 하다. 일본 주류 업체에서 나온 '도리스위스키'(Torys Whisky)'가 미군 배급품들 사이에 섞여 우리나라에 처

음 소개되며 인기를 얻자 밀수가 성행했고 부산에 있던 '국제양조장'이 수입한 위스키 향료와 색소, 주정을 배합하여 1956년 도리스 위스키의 이름을 도용한 모조 위스키를 내놓게 되었다. 이 가짜 도리스 위스키는 곧바로 저렴한 가격에 인기를 얻으며 수입 위스키를 대체하는 대중양주로 자리 잡았다.

상표 분쟁이 생기자 1960년 2월부터는 비슷한 이름 도라지 위스키로 판매했다. 최백호가 부른 '낭만에 대하여'에 나오는 도라지 위스키다.

김순남 아버지의 자장가

작곡가 김순남은 남에 남겨둔 외동딸 방송인 김세원을 애련하게 그리워하며 '자장가'를 작곡한다. 월북한 피아니스트의 딸이란 꼬리표가 늘 붙은 김세원은 아버지가 해금되자 각국을 다니며 아버지 지인들을 만나고 자료를 모아 '나의 아버지 김순남'을 간행했다.

김순남

'그때를 아십니까' 와 '한끼줍쇼' 등 나레이션으로 친숙한 김세원 목소리를 '밤의 플랫폼'과 '영화음악실'을 통해서 감성으로 난 기억한다. 김순남과 김현경(남편 김수영)은 6촌 남매로 뜻을 나누는 인생의 벗이었다. 백남준은 김순남을 이렇게 말했다. '위대한 작곡가는 한 나라에서 백 년에 한명 나올까 말까 한데, 우리는 김순남이 있었는데 나오려다 말았다'

수많은 세계 음악가들은 김순남의 작곡에 놀라워했고 버클리 음대도 특별 장학생으로 김순남을 초대했다.

김세원

김순남의 돈암동 집에는 음악인만이 아니라 김수영 임화 오장환 김남천 이태준 안회남 함세덕 등을 비롯한 카프 멤버들이 모였고 이들은 명동에 모여 스스로 위로했고 카프가 있던 종각 한창빌딩에서는 참여예술인으로 의미를 갖고 행동했다. 카프는 시국에 대한 깊은 토론과 대안을 제시하고 시를 낭송되고 김순남의 피아노 소리를 듣는 해방 전선이었다. 가난하고 어두운 시대이지만 사상의 세례를 받았고 소수자란 고독에 흔들림 없이 꿈을 놓치지 않고 있었다.

스타 문인 임화 & 지하련

임화 | 위키백과에서 인용   지하련 | 경남일보에서 인용

1940년대 명동은 미남 평론가이며 사회주의에 몰입한 임화에 대해 관심이 높았다. 마산 부자 집 딸 미녀 소설가인 지하련과의 연에는 단연 세간의 화제였다. 김수영 아내 김현경의 말을 빌리면 당시 최고의 미남배우로 임화를 여성들이 좋아했고 남자들은 임화의 사상에 매료되었다. 김순남은 한국 최초로 피아노협주곡을 썼고 그가 임화의 시로 만든 노래 '인민항쟁가'는 북한에서 애국가처럼 불렸다.

김현경은 "김수영 시인이 한국전쟁 뒤 명동에서 술만 취하면 '인민항쟁가'를 불러 고은 시인이 입을 틀어막고 다른 소리를 내고 연설을 해서 주변 사람들이 김수영의 생각을 듣지 못하도록 하였다"고 한다. 김순남이 김소월과 오장환 등의 시로 만든 가곡 〈산유화〉〈진달래꽃〉〈상렬〉 등은 1948년 월북 전까지 남한에서 민족 정서가 깃든 대중 가곡의 표본으로 평가받았다. 김순남은 북에 가서 50년대 초 조선소 주물노동자로 일도하며 음악활동을 하다 80년대에 사망한 것으로 알려졌다. 나는 월북 작가들이 북에서 숙청되었다는 보도를 그리 신뢰하지 않는다.

김세원은 부친 곡 중 좋아하는 곡을 묻자 "상렬이나 초혼, 진달래꽃이죠. 제가 음악방송 진행을 40년 했는데 아버지 곡이 기가 막혀요. 아버지 음악을 세상에 더 알리고 싶어요. 아버지 음악을 교과서에 싣는 것이 꿈입니다." 그는 빛을 보지 못한 부친의 음악이 北에 많이 있을 것이라고 말하며 헝가리 국립문서 보관소에서 찾은 1952년 아버지 사진을 저한테 선물한 초머 모세 주한 헝가리 대사(북 대사 겸임)한테도 북에 가면 아버지 곡을 찾아달라고 부탁했다고 말했다.

1947년 8월 미 군정청은 좌익의 활동 금지만이 아니라 좌익사상을 가진 자도 검거하라! 고 명령한다.

월북 작가들이 40년대 말 월북은 자기 의지라기보다는 미 군정청의 압박 때문에 어쩔 수 없는 행동이었다. 1946년 대구 10월 항쟁은 미군정의 실정과 학정에 항의하는 시위대에 대한 경찰의 발포로 노동자가 사망함으로써 촉발되어 경북 성주, 칠곡, 영천, 경남 통영,

진주, 마산으로 확산되었고 충청, 전남, 전북, 경기, 강원, 황해도 등 남한 전역으로 확산되었다. 도시에서는 식량배급 실시, 농촌에서는 소작료 3·7제 실시, 토지 무상몰수 무상분배 등을 요구하고 도농이 공통적으로 친일파 처단, 권력의 인민위원회 이양을 요구했다.

역사의 이면

1946년 미 군정청의 여론조사

　미군 '점령군' 논란을 보며 생각난 자료다. 미 군정청 여론조사국
이 1946년 7월에 실시한 '미래 한국 통치구조'에 관한 여론조사 결
과다. 사회주의 70%, 공산주의 10%, 자본주의가 13%를 차지했다.
미군정은 이 민심을 무력화하려고 치밀하게 계획했다. 대구 10월 인
민 봉기, 단독(반공)정부 수립, 제주 4.3 항쟁, 여순 항쟁, 코리아전쟁
으로 이어지는 비극의 출발점이었다.

　당시 질문지 내용이다.

　귀하의 찬성하는 것은 어느 것입니까?
　가)자본주의, 나)사회주의, 다)공산주의

　남 조선인들의 답은 이러했다.(남조선인민이란 말은 미 군정청이 사용
한 말이다) 자본주의(1,189명, 14%), 사회주의(6,037명, 70%), 공산주의
(574명, 7%), 모른다(653명, 8%)였다. 또한 남조선 인민들이 리더로 누

구를 생각하는가? 라고 질문하며. ①국제정세에 정통하고 ②조선 사정에 통달하고, ③가장 양심적이고 과학적이고 조직적이고 ④가장 정치적으로 포용할 아량을 가진 정치인을 선택하라는 것에 남조선 인민들의 답은 다음과 같았다. 1,957매의 설문지를 배포하고 626매를 회수한 집계(설문지 회수율 32%)였다. 여운형 33%, 이승만 21%, 김구 18%, 박헌영 16%, 이관술 12%, 김일성 9%, 최현배 7%, 김규식 6%, 서재필 5%, 홍남표 5%. 외 23명; (백분율 합계가 100%를 넘는 이유는 복수 추천 허용 때문) 당시 남조선 인민들 대다수는 상당히 전략적 생각을 하고 있었다.

남조선 인민들은 남조선 토지는 국유화해서 친일파가 소유하지 못하게 하고 이런 새 나라의 과제를 미 군정청이 하는 것이 아니라 상해임시정부가 주축이 된 새 정부가 이끌어야 한다고 보았다. 근 현대사 조선 민중들의 집단지성은 이렇게 전략적 판단을 하고 있었던 것이다. 이런 자연스런 여론으로 남조선이 계속가면 미국은 최대 인구를 지닌 아시아 시장에 진출 할 수 없고 심지어 일본까지 빼앗길 수 있다고 생각했다.

미국은 좌파나 중도가 아닌 확실한 우파정권을 세우기 위해서는 좌파지향적인 민중을 무력화시켜야 했다. 이를 위해 미국이 선택한 것은 친일 관료들과 고문과 수탈 기술을 지닌 친일 경찰을 중용하는 것이었다. 주목할 것은 해방 후 맥아더가 이끈 두 개의 미군정 간의 차이이다. 즉 남한의 미군정과 일본 미군정의 차이다. 두 나라에서 친미적인 우익정권을 세운다는 목적은 같았지만, 내용적으로 기이한 역설을 우린 목도하게 된다. 그것은 미국이 전범국가인 일본에선 민중 친화적인 '개혁'을 주도했다면, 정작 일본 제국주의의 피해자인 한국에는 민중 억압적인 극우체제로 몰고 간 것이다.

구체적으로, 미군정은 일본에서는 일본이 다시 파시즘으로 나가는 것을 막기 위해 농지개혁, 재벌 해체, 노동조합 설치 등을 실시했다. 맥아더가 한국 점령 후 제일 먼저 한 것 중에 하나가 자주적인 노동조합을 파괴하는 것이었다면, 일본 점령 후 제일 먼저 한 것은 노동조합법을 제정한 것이다. 그 결과, 3만5000개의 노동조합이 생겨나 650만 명이 가입했고, 첫 선거에서 사회당이 제1당으로 부상해 첫 내각으로 사회당/민주당 연정이 출범했다. 그러나 남 코리아 에서는 보통 선거권을 주고 자유 민주주의의 기반을 제공했지만, 내용적으로는 조선공산당과 같은 좌파는 말할 것도 없고 건준 같은 중도 좌파 온건 진보 세력도 공산주의 등으로 몰아 탄압하고 이승만이 이끄는 극우정권을 만들었다.

한 정치학자는 "일본민주주의는 미군정의 산물"이라고 썼다. 하지만 미국이 일본 제국주의와 파시즘의 부활을 막기 위해 일본 민주주의를 만들어 놓았다는 점에서 역설적으로 "일본 민주주의는 일본의 제국주의와 파시즘이 준 선물"이라고 해야 더 정확한 표현이다. 이처럼 미국은 전범국인 일본에는 민주주의를, 전범국가의 피해자인 우리에게는 극우 독재를 선물했다. 그 결과 미군정이 끝난 뒤에도 오랫동안 극우 정치에 의해 고통을 받아야 했고 지금도 그 여파로 고통을 받고 있다. 나아가 미군정의 종식과 함께 떠났던 미군은 한국전생 이후 다시 날아와 한국군의 작전권을 이양 받아 우리 군을 지배하고 우리 땅에 항구적으로 주둔하며 우리 사회에 엄청난 영향력을 행사해 오고 있다. 지금은 대구가 정치적으로 보수를 대변하는 지역이 되었지만 실은 대구에는 이여성, 이쾌대 형제처럼 진보적인 인사들이 타 지역보다 많았다. 이여성은 18세 때 김원봉과 김약수와 만주로 망명해 무장 독립운동을 했고 3.1운동 이후 귀국해서 대구에서 '혜성단' 이란 무장단체를 만들 체포되어 3년간 투옥된다. 이후 이여성은 일본으로 유학을 가서 정치경제학을 전공하고 사회주의 사상에 깊이 심취하게 된다.

조선일보, 동아일보의 기자로 활동한 이여성은 사회주의와 민족주의의 결합을 추진하면서 약소민족 운동에 대한 글을 올리다 1936년 베를린올림픽에서 금메달을 딴 손기정 가슴에 있는 일장기를 지운 사건으로 그는 강제 해직된다. 그는 해방이후 조선건국준비위원회 선전부장을 하며 여운형의 인민당, 박헌영의 조선공산당, 백남운의 남조선 사민당을 하나로 통합하려는 노력을 하지만 이승만세력의 반대로 뜻을 이루지 못하고 여운형의 실제적 전략을 감당하는 역할을 맡는다. 여운형 암살이후 이여성도 역시 구속되었고 이후 월북하여 김일성대학의 역사학교수로 활동을 하게 된다. 이여성은 그림과 인문학에 대하여 깊은 조예가 있었다.

한국의 미켈란젤로라고 말하는 이쾌대는 이여성의 미술을 보고 화가가 되었다. 이여성은 동아일보에서 해직된 이후 미술에 깊이 심취하며 조선의 미학을 이루는 노력을 다하는데 그 때 신동아에 남긴 그의 말이 인상적이다.

〈조선예술가는 풀죽은 거동과 졸린 눈초리를 갖고 담배와 술 여인과 불규칙과 무절제로 보내는데 이런 것들과 싸울 굳은 결심을 하자. 조선을 과학적으로 파악하는 예술을 지향하자!〉

삼각지대 김기영 김지미 신영균

영화 '미워도 다시 한 번'에서 인용 | 좌로부터 전계현 신영균 윤희 김지미

　　배우 윤여정은 아카데미 시상식 수상소감 말미에 "김기영 감독에
게 감사한다. 저의 첫 영화(71년 화녀)를 함께 만드셨는데, 천재적인
감독이셨다. 살아계셨다면 수상을 기뻐하셨을 것"이라고 했다. 이어
기자회견에서도 "김기영 감독을 만난 건 사고나 다름없다. 정말 죄송
한 것은, 그분에게 감사하기 시작한 건 그 분이 돌아가시고 난 다음
이란 것이다. 사람들은 다 천재라는데 저에게는 힘든 감독이었고 싫
었다. 지금도 후회하는 일이다. 뒤늦게 그것이 감사한 일이라는 걸
알았다"고 했다.

봉준호 감독은 2019년 '기생충'이 황금종려상을 받은 칸국제영화제에서 말했다. "어느 날 한국에서 갑자기 이 영화를 만든 것이 아니다. 한국 영화에는 김기영 감독님 같은 위대한 감독님이 계시다"라고 했다. 1919년생이고 1998년에 돌아가신 먼 시대의 감독을 향한 두 사람이 한국 영화 최고의 날 이리 김기영 감독에 대한 존경을 고백했다. 서울대 의대를 나와 영화인이 된 김기영 감독은 봉준호, 윤여정을 통해서 대중들에게 각인 되었다.

목단패가 지미패가 되다

1957년 봄 명동에 소문이 돌았다. '백조다방 레지가 보통 예쁘지 않다' 이 소문을 김기영 감독도 들었다. 그러나 김 감독은 예쁜 배우를 캐스팅하는 사람이 아니있다. 이런 김 감독의 좋은 습관에도 예외적 사건이 일어난다. 그는 미도파에서 명동 쪽으로 걷다 놓치면 안 되는 미인을 만났다. 곧바로 그녀를 뒤따라갔고 그녀는 국립극장(현재 국립예술극장) 건너편에 있는 다방 '백조'로 들어갔다. 김 감독은 속으로 소문난 아가씨구나 하며 자신을 소개하고 김지미와 다방 주인인 김지미의 친척에게 김지미가 배우가 되는 것을 제안했다. 생각해 본다는 김지미의 이후 답변을 듣기 위해 이틀 후 조감독을 백조다방에 보냈는데 김지미가 최고의 여 배우 급 출연료를 주면 응하겠다고 구체적 액수를 제안한다는 말을 듣고 그렇게 하라고 답을 주었다.

그녀는 덕성여고를 졸업하고 집안 어른이 경영하는 백조다방에 잠시 알바를 하고 있었다고 한다. 김기영 감독의 예상대로 영화는 여배우 김지미로 인해서 대박이 났고 언론에서는 김지미 미모가 연일 계속해 소개되었다. 김지미만 나오면 극장은 장사진을 쳤다. 화투 목단 패를 사람들이 지미 패라고 불렀다.

팬덤 현상이 생기자 영화 제작자들은 지미를 한 번만 빌려달라고 김 감독에게 부탁했고 김 감독과 친한 홍성기 감독이 계속 부탁해 허락했는데 홍 감독과 김지미가 교제를 해서 결혼했다. 여배우가 예뻐서 영화가 성공한 첫 사례가 되었고 이후 한국 영화는 스토리에서 배우로 권력이 이동했다. 김지미는 배우로만이 아니라 사업이나 영화 관계 일에 종사해서 성공한 배우가 된다. 김지미 이상으로 예총회장까지 된 성공한 배우가 현 영화인 최고부자 신영균이다.

절약이 부자 원동력, 평화가 보약

신영균은 1928년생이고 교회 성극을 통해 중학생 때부터 배우를 소망한다. 그러나 오디션에 계속 떨어져 실패한다. 고등학생 때 YMCA체육관을 다니며 레슬링 선수를 했다. 같은 도장에 다니는 친구의 아버지가 극단 단장인 것을 알고 자신의 연기를 보여주고 청춘극장 배우가 되었다. 고등학생으로 극단일 원으로 고생을 하며 전국을 돌아다녔는데, 이런 삶을 2년간 하면서 '이런 생활을 하다가는 가족들 고생시키겠다'는 생각이 들어 공부로 진로를 변경한다. 1년 동안 독하게 공부한 후 서울대학교 치과대학에 합격했다. 군의관 복무를 마치고 명동 건너 회현동에 개업했다. 치과 치료를 받으러 온 연극배우 시절 동료들의 연기에 대한 열정이 그에게 다시 일어났고 '의사랑 내가 결혼했지 배우랑 결혼한 것이 아니다'라는 아내를 설득하뒤 연극무대에 섰다.

부인에게 '바람피우지 않겠다.'고 서약서를 썼다. 치과 방문자 가운데 전원일기 김혜자가 있었고 배우를 하라고 권한 사람은 허준호의 부친 배우 '허장강'이다. '미워도 다시 한 번' '빨간마후라' 등 317편 영화에 출현했는데 당시에 세 편을 출연하면 집 한 체를 살수 있었다고 한다. 그는 출연료를 모아 부를 늘렸다. 절약과 절제 신앙심이 깊었던 신영균은 사업수완이 좋아 1963년 사람들이 몰리는 금호동에 금호극장을 세워 현금을 모았고 그 돈으로 명보제과를 인수하고 이어서 서울서 유명한 풍년제과 뉴욕제과 태극당을 전부 인수했고 또 성공하여 명보빌딩을 샀다. 맥도날드 한국 점을 경영했고 신촌 엘리트빌딩, 청담동 명보빌딩, 인사동 센터마크호텔, SBS TV 회장, 제주방송소유, 특히 명동 예술극장 뒤에 대지 483평이나 되는 자신의 생년을 딴 호텔28 경영하고 있다. 주식도 수천억 원이 된다고 한다. 말이 쉽지 영화인으로 부를 이룰 수 것이 불가능한데 난 사람인 것은 분명하다. 그는 유언으로 자신의 관에 갖고 가는 것은 늘 보던 성경책이라고 말했다. 규칙적인 생활, 감사를 내재화하는 것, 매일 6000보 걷는 것이 그의 건강의 비결이라고 한다. 명동에서 집으로 걸어오며 생각했다. 많은 사람들이 명동을 통해서 부자도 되었다. 현재 명동을 기반으로 큰 부자들이 삼백 명 정도가 있다고 한다. 누구일까? 도 궁금하지만 그들을 이떻게 기회를 잡았고 어떤 습관을 갖고 있을까?

명동 서북청년단

명동 롯데백화점 건너편 국민은행 앞은 경기 지역을 가는 분들이 귀가 시 광역버스를 이용하는 곳이다. 이 국민은행자리에 '반민특위' 가 있었다. 이승만은 김상덕 위원장을 압박하지만 말이 안 먹히자 필동에 살고 있는 김상덕 자택을 직접 방문한다.

'애국 투사 노덕술을 석방하라! 모든 수사를 축소하라! 너희들은 왜 이렇게 정부를 힘들게 하나? 위원장도 이제는 정부로 와서 일해라 하고 싶은 장관을 해라' 말했다. 김상덕은 "각하 노덕술은 독립 운동가들을 전기고문, 고춧가루 고문 등 악행을 해서 죽였는데 어떻게 석방합니까! 그자는 테러리스트 백민태를 고용해 절 암살하려고 합니다. 저는 암살위협을 받고 있지만 끝까지 원칙을 지킬 것입니다. 대통령이 저희를 도와주셔야 하지 않습니까?" 이승만은 "너희 안에도 친일파 있다. 결국 너희는 공산주의이거나 공산주의를 돕는 행동을 하는 것이다" 라 말하고 불쾌하게 필동을 떠났다.

곧바로 이승만은 국회프락치사건, 반민특위기습, 김구암살이란 6월 반동행위를 직접 지휘한다. 김상덕(金尙德,1891년~1956년) 위원장은 경북 고령군 저전동에서 태어났고 서울 경신고등학교를 졸업하고 학교의 지원으로 와세다 대학을 다닌다. 그리고 1919년 2.8 유학생운동 대표로 활동하다 1년간 구속된다. 이후 상해임시정부를 중심으로 활동하다 해방 후 김구와 같이 귀국한다. 반민특위 '특별조사위원'은 국회의원 가운데 독립운동의 경력이 있거나 절개를 굳게 지키고 학식과 덕망이 있는 자 중에서, '조사관'들은 친일 모반의 세평이 없는 자. 독립운동에 헌신하고 엄결 청명하고 결백한 사람, 공평·정직하고 과감한 자 중에서 '특별 재판관·특별검찰관'은 독립운동에 경력이 있거나 절개를 굳게 지키는 법률가, 애국에 열성이 있고 학식과 덕망이 있는 자 가운데 선별해서 1949년 1월 5일 로 명동에 반민특위 중앙사무국 발족했다.

일제 경찰서장을 하던 노덕술은 해방 후 경찰청장 장택상의 보호로 경찰 활동을 다시 시작한다. 그는 반 이승만 세력이라면 악명을 날린 고문기술로 제압했다. 노덕술은 1948년 1월에는 장택상을 암살하려 했다고 박성근을 체포했다. 곤봉으로 수차례 머리를 가격하고 물고문으로 박성근이 사망했다. 노덕술은 사망한 박성근의 처리를 고민하다 창문을 열고 "저 놈 잡아라."라며 소리쳤다. 박성근이 도망친 것으로 위장하기 위해서다. 그리고 시신을 얼어붙은 한강에 얼음구멍을 파 그 속으로 밀어 넣어 버렸다. 이 사실이 알려지며 경무국 수사국에 체포되지만 친일 세력의 비호로 도주했다. 노덕술은 도주 중에도 지프와 경호원을 대동하며 이승만 지지 경찰 수뇌부를 만나는 등 활보를 하고 1948년 10월 말경에 최난수 수사과장 등과 모의해 백민태라는 청부업자를 통해 반민특위 인사에 대한 테러를 지시했다. 나중 백민태의 자백에 의하면 '반민특위 15명을 38선으로 유인한 뒤 월북해서 죽이려 했다'고 했고 총과 수류탄을 제출했다. 반민특위 인사에 대해 '빨갱이'라는 프레임을 씌우기 위해서였다.

반민특위가 노덕술을 체포한 것은 1949년 1월 애첩 기생 김화옥을 통해서다. 당시 동화백화점(현재 신세계백화점) 사장 집에 노덕술이 있었는데, 권총 6자루와 수많은 실탄을 가지고 있었다. 노덕술은 34만 원이라는 막대한 현금을 가지고 있었다. 당시 쌀값이 80kg 한 가마니에 3.86원이었다. 노덕술을 조사를 했던 반민특위의 기록에 따르면 노덕술의 재산을 현재가치로 수백억이 넘는 돈이라고 한다.

이승만은 6월 자신에게 반기를 들었던 의원들에게 공산주의라고 혐의를 씌워 의원 3명을 구속한다. 격분한 국회가 '국회 프락치사건'으로 구속된 의원 3명에 대해 석방을 결의했다. 그러자 친일 인사들은 파고다 공원에서 석방을 가결한 국회의원들에게 '빨갱이'라고 몰고 갔고 6월3일 '반민특위는 공산당 앞잡이다'라고 구호를 외치며 반민특위로 쳐들어갔다. 그러자 반민특위는 이들의 배후에 이미 반민행위로 체포명단에 올라있던 서울시경 최운하 사찰과장과 친일경찰 간부들이 있음을 알고 이들 중 몇을 체포했다.

6월6일 윤기병 중부경찰서장 등이 시경 국장의 비호를 받으며 반민특위 사무실을 습격했다. 이때 반민특위에서 활동하던 특별경찰들을 무자비하게 폭행하며 무장을 해제시켰다. 권승렬 검찰총장이 소란 소리에 특위 사무실을 방문하자 권승렬을 총으로 위협하며 몸수색과 함께 권총을 빼앗았다. 중부경찰서장 윤기병은 장탄한 권총을 꺼내 들고 경찰들을 지휘하며 출근하는 특위 요원 35명을 쓰리쿼터에 강제로 태워 사라졌다. 이들은 모두 중부경찰서에 감금돼 심한 가혹행위를 받는다.

백범은 6월 26일 경교장에서 서북청년단 안두희에 의해 암살된다. 경교장 서재에서 4발의 총탄을 맞고 사망한 갑작스러운 김구의 죽음에 국민들은 깊은 애도를 표명했다. 백범 김구의 장례식은 10일간 진행되었으며 조문객이 120만 명이 추산되었다. 그리고 7월5일 서울에서 치러진 장례식에는 50만의 국민들이 찾았다. 서북청년단은 이승만이 비호하며 해방정국 이후 정치테러를 도맡았다. 제주4·3사건, 여순사건, 거제 양민사건의 주범이다. 이후 이들은 국민방위군 아사 사건과 보도연맹 사건으로 이어지며 대한민국 건국 초기에 많은 국민을 학살한 장본인이다. 이들이 친일 자본을 관리하는 세력과 결탁한 자들이었다. 이러한 서북청년단 소속인 안두희는 무기징역이 선고된다. 그러나 1년도 안 되어 특별사면으로 안두희를 풀어줬다. 안두희는 다시 육군 소위로 임관하며 한국전쟁 기간중에 결국 형이 완전 면제되며 육군 소령으로 예편했다.

반민특위는 1949년 1월 8일 친일 기업인 박흥식(전 화신 사장)을 시작으로 친일반민족행위자 검거에 나섰다. 출범 당시 특위는 7천여 명의 반민족 행위자를 파악해 놓고 있었다. 이승만의 방해공작도 날로 심화되어 갔다. 친일 기업인들이나 경찰들은 정보조직을 동원하여 방해 공작을 전개하였는데 그들은 특위 요원들에 대한 중상모략은 물론 관제 데모 조장이나 테러, 암살모의도 서슴지 않았다. 이승만 정부는 이문원, 최태규, 이구수, 황윤호 의원을 국가보안법 위반 혐의로 구속하였고 이들이 남로당 프락치라고 발표했다. 6월에는 다시 김약수 국회부의장을 비롯해 노일환, 서용길 의원 등 13명을 구속했다. 소위 '제2차 국회프락치사건'이다. 이들 소장파 의원들은 외국군 철수 등을 주장한 진보 성향이었는데, 노일환, 서용길 의원은 반민특위 위원이기도 했다. 이런 탄압에 실지로 특위가 취급한 건수는 682건 재판을 종결한 건수는 어이없게 38건에 불과했다. 6월 6일 국민들이 늘 반민특위 기습사건을 매년 기억하자 이승만은 6월 6일 현충일을 만들어 반민특위 사건을 잊게 만들었다. 명동 일본 제일은행 자리에 반민특위가 있었고 이후 그 자리에 국민은행이 생겼다.

충무로는 편지다

'모든 사진은 슬프다' 사진평론가 이광수 말이다. 조증(躁症)은 아니지만 인생을 대략 기쁘게 사는 것과 울증(鬱症)은 아니지만 인생을 조금 슬프게 바라보는 것도 지혜다.

백년해로를 약속한 남편 이응태가 1586년 6월1일, 31살 병으로 먼저 가니 지극히 간병한 아내는 멘붕이 왔다. "언제나 나에게 흰머리 날 때까지 같이 살자 해놓고서...당신을 향한 마음 이생에서 잊을 수 없고 서러운 뜻도 끝이 없어요...마음 어디에 두고 자식을 데리고 당신을 그리워하며 살 수 있을까 생각해요 이 편지 보시면 내 꿈에 나와서 내가 어떻게 해야 하는지 자세히 말해주세요" 상여는 천국 가는 리무진이고 관은 하늘가는 우체통인 것을 아는 여인이었기에 관에 편지를 넣었다.

4백년 지났다. 안동시는 정상동 택지개발을 하며 무덤을 이장하려고 관을 열자 미라상태로 보전된 이응태 가슴에 아내가 쓴 사부가를 발견했다.

아련한 세월, 역사는 기구하다

명동입구 서울중앙우체국 앞에 조선 땅에 우체국을 연 홍영식 동상이 있다. 1856년~1884년 짧은 그의 인생인데 겪은 세월이 참 찐하다. 보수적인 영의정 아버지지만 늘 진보적인 사고로 대립하던 요즘으로 말하면 강남좌파로 그가 몸부림 친 자유와 절망이 느껴진다. 16세 급제하고 24살 일본시찰단이 되어 일 군대를 조사하고 일본의 우편제도를 보고 조선도 우정국을 설치해야한다고 결심한다. 28살에는 민영익의 부관으로 참여하여 미국 대통령을 두 번을 알현하다.

뉴욕 우체국과 전신국을 다니며 민중을 위한 혁명적 통신을 깊이 사고한다. 28살 이른 나이에 우정국을 만들고 총책임자가 되고 또 지금 국방부 차관위치를 겸한다. 홍영식이 청년 진보지식인이면서 군사동원과 조직의 흐름을 아는 인물이었기에 김옥균, 박영효 등이 홍영식에게 찾아와 혁명 참여를 받고 깊이 고민하였으나 역시 청년답게 결심한다.

1884년11월18일 우정총국을 개국하였고 12월 4일 홍영식은 우정국에서 축하 피로연을 열고 갑신정변을 일으킨다. 홍영식은 29살 우의정을 맡았다 그러나 청나라가 개입되고 내부에서 모두 후일을 기약하며 망명하려고 하자 고종이 "경들은 나를 두고 어딜 가는가?" 하자 마음이

홍영식

흔들려 홍영식은 고종을 끝까지 호위했다. 곧이어 청나라 군이 도착했고 그들이 고종을 데려가려 하자 만류하며 저항하다 살해된다. 아버지 홍순목은 손자와 함께 독약을 먹고 자결하고 홍영식 아내는 강에 몸을 던졌으며 일가 20여 명도 자결한다. 형인 홍만식은 옥에 갇혔다가 10년 후 1894년 갑오개혁 때 동생과 함께 복권되었지만 을사조약에 반대해 자결했다. 홍영식의 집(현 헌법재판소 자리)은 국가에 몰수돼 광혜원으로 사용되었다. 보다 과학적은 시스템으로 국가를 경영하고자 한 것을 보수 세력은 급진개혁이라 하고 외세를 통해서 가로막아 국가를 파멸시켰다.

명동 노점상

이렇게 많은 이야기들이 있는 명동은 분명 핵심이다. 명동을 알면 한국이 보인다고 말할 수 있다. 명동에 오면 노점상들이 많다. 노점에 대한 나의 견해는

첫째 노점은 맛있다 즉석이니까!

둘째 노점은 기를 팔고 있다. 어려움을 이겨내는 상인들이니까!

셋째 노점은 최고의 경제공간이다 작은 공간에 다 담았으니까!

넷째 노점은 역동적인 콘텐츠다

나 자신도 시작을 무허가로 했다. 절망할 시간에 시작하는 자이어야 했고 난전(亂廛)처럼 아무 것 할 수 없는 상황에서 인생응전을하는 생활전투라고 표현한다. 또 路店(노점)이 아니고 露店(노점)이라쓴다. 길거리 점포라 路店이 맞을 것 같은데 이슬을 받아 맞기에 안쓰럽다. 상한 갈대를 꺽지 않고 꺼져가는 등불을 끄지 않으시는 신(神)의 관점에서 봐야 한다는 종교적 답이 필요하다.

조선 한문에는 정겨움이 있다. 친구란 잃어버린 사람을 찾기 위해 나무 위에 높이 올라가서 찾는다는 친(親)과 절구에 있는 곡식을 나

누어 먹는다는 구(舊)다. 어려움을 겪는 민초들에게 국가가 우선 재정을 투입한다는 것이 국가가 시민들의 친구가 된다는 것이 아닐까?

몸에 있는 습한 무기력이나 두려움이 들 때 누군가 작게 시작한 삶의 용기에서 해방의 홀씨를 품는다.

우편집배원 | 사진출처미상

명동상인의 원조 병영상인

　근현대사에서 아시아 3대 상인으로 일본 오사카상인, 중국 온주상인, 조선 개성상인이라고 말하는 것에 누구도 이의를 제기하지 않는다. 그리고 조선의 2대 상인은 북의 개성상인과 남의 병영상인이라는 것이 정설이다. '병영상인'이란 이름에 낯 설은 분도 있을 것이다. 병영상인은 조선의 자랑이었고 조선의 원동력이었다. 병영상인은 자본을 모으는 집중력이 탁월했고 우수한 상인을 선정해 그들을 통해 정보를 수집했고 이것을 바탕으로 병영성 안에 있는 시장사람들이 아니라 국토 전부와 중국 일본 동남아까지 규모를 넓혔다. 내가 이들을 주목하고 이렇게 언급하는 것은 이들이 성공한 장사무리들이었다는 것을 넘어 이들의 철학과 실천력은 하나의 작품이고 자산이어야 하기 때문이다. 병영상인들은 개인적 이익에 빠진 얄팍한 장사꾼이 아니라 이익을 공유하여 도로를 신설하며 과감하게 사회투자를 하였고 이익배분도 상인들만의 나눔이 아닌 지역사회 민초들에게 가게 하였다.

　소비자의 성공 없는 단발성 이익이 아닌 소비자의 경제가 유지되고 소비자가 생산되는 선순환을 만들었던 최고의 장사꾼이었다.

　강진군 병영은 통일신라 장보고가 일본과 중국 코리아를 연결한 무역을 할 때 이곳이 그 무역을 지탱하는 본부였다. 병영상인들은 장보고를 정신적 지주로 삼았다. 또 하멜이 이곳 병영성에서 7년간 있었기에 병영면에 하멜기념관이 있다. 병영성은 사백년 이상 전라두와 제주도를 총괄하는 육군 총사령부였다. 그래서 이곳 이름이 병영이다. 충무공 이순신 장군이 가장 아끼며 전시에 도움을 받은 참모는 무의공 이순신 장군이다. 무의공 이순신은 늘 충무공 이순신과 왜란 시 선봉에 서서 승리를 견인했고 이순신이 백의종군 등 어려운 길을 갈 때도 변함없이 동행했다. 술과 오락 즐거운 담소를 인도하고 무예가 뛰어난 무의공 이순신에게 충무공 이순신은 정신적으로 군사적으로 많이 의존했다. 무의공 이순신이 이곳 강진 병영성의 총사령관이었다.

　병영은 지역으로 서해와 남해를 연결하는 지점이고 중국과 일본 조선을 연결하는 삼각점이었다. 당시 이곳 군인들은 자립형 군인들이라 스스로 장사를 해서 돈을 벌어 무기를 들여오고 자신들에게 필요한 것을 구입하였다. 이런 환경이 결합되어 이곳에는 상인세력이 이만 명이 있었다고 한다. 동학혁명군이 이곳 병영성을 장악함으로 병영성은 폐쇄되는데 병영상인들이 타격을 받지 않았던 것은 이미 병영상인들의 시장은 전국을 넘어 중국 일본 동남아이었기에 이들은 바로 흩어져 장사를 이어갔기 때문이다. 병영 상인들이 어디를 가든 개성상인을 능가하는 성공을 했던 것은 이 병영상인들이 밑바닥부터 시작한 사람들이라 막연히 물건을 판 것이 아니라 소비자들이 무엇을 원하는지를 정확하게 알고 대응한 과학적인 태도를 취했기 때문이다. 많은 사람들이 지금 밑바닥으로 떨어졌는데 이 밑바닥은 나중에 보면 저주가 아니라 축복이라고 병영상인들은 우리에게 말해주고 있는 것이다.

주희춘 선생이 병영상인에 대하여 쓴 책 '장사의 기술'을 보면 전국적인 유통망, 효율적 관리, 과감한 투자, 겸손의 미덕, 광범위한 시장개척, 신용과 친절, 장사에 대한 근성이 그들의 성공요인이었다고 말하고 있다. 이곳에 병영상업고등학교가 있는데 상고들의 이름을 다 바꾸는데 이 학교는 병영상인정신을 이어받는 의미로 옛 교명을 쓰고 있다. 전에 병영상고에 초대 받아 학생들을 만났다. 눈빛이 달랐다. 집중력, 그리고 상인으로 살아가겠다는 자부심이 든든했다. 철학이 기초가 되고 의미를 깊게 하는 것은 생존을 넘어 역시 경쟁력이다. 명동상인들은 기본적으로 병영상인들과 장사의 여정이 비슷하다. 가치는 종교나 학문에만 있는 것이 아니라 상업에 있어야 하고 삶에 있어야 한다. 명동상인이 한국 현대 상인들 가운데 가장 탁월했던 것에 병영상인처럼 가치와 콘텐츠를 갖게 되어야 함을 새삼 주문하게 된다.

가게란 이름 유래는 임시건물(假家)이다

농업이 침체가 되자 사람들은 남대문로와 종로에 모여 임시 건물 가가(假家)를 만들고 장사를 했는데 이 가가를 가게라고 불렀다. 그래서 가게의 어원은 임시건물이다. 농민에서 이탈한 사람들은 정부의 통제를 넘어서는 소위 난전을 만들어 남대문에서 장사를 하였기에 도로가 좁아졌다. 그래서 난장판(亂場판)이라고 하였다. 정부는 도로를 넓히며 난장판 상인을 내보내야했다. 정부는 난장상인들의 생계를 보상하는 차원에서 당시 갑오개혁으로 물건이 아닌 화폐로 세금을 걷어 들이는 제도가 확립되어 요즘 조달청이라고 하는 선혜청 창고가 있는 이곳 신창(新倉)에 상인들이 장사를 하도록 하였다. 그 때 남대문시장 원 이름은 창내장(倉內場)이었다.

남대문시장에서 광장시장으로

여기 남대문시장이 요지라 명동과 충무로에 있던 일본자본가들은 남대문시장을 욕심을 냈다. 상권을 빼앗긴다는 두려움이 있던 난장상인들은 청계천 광교와 장교 사이에 판자를 만들어 조선 최초의 상설시장인 광장시장을 만들었다. 이런 의미에서 남대문시장과 광장시장은 한국의 2대 재래시장이며 역사가 묘한 대칭이 된다. 이 창내장 시장이 식민지시대 불이나자 총독부는 남대문시장을 없애려하자 친일파 송병준은 자신이 인수하겠다고 한다. 그리고 송병준이 사망한 후에는 일본이 인수하며 이름을 남대문시장이라고 하였다. 재미있는 사실은 주인과 경영자는 일본 자본이었지만 남대문시장에서 일한 조선인들은 민족성을 유지하고 남대문시장을 민족 시장으로 이어왔다. 1919년3월 만세운동 이후 일본은 문화통치로 노선을 변화하고 언론사를 폐간시켰던 것을 거두고 친일적 인사들에게 신문사를 만들어준다. 그래서 1920년 3월 친일파 이완용 송병준 민영휘 등이 조선일보를 만든다. 하지만 조선일보에 입사한 기자들은 민족주의를 지향하고 항일은 아니지만 반일정신의 기사를 신문에 연재하고 이 일로 신문은 다시 정간된다. 조선일보는 월남 이상재 신채호 그리고 조만식 등이 사장이 되어 민족주의적 신문을 이어갔다.

조선일보 방회장일가로 넘어가다.

조선일보는 조선총독부에 탄압을 받고 신문경영은 최악의 상황이 된다. 1924년 신석우는 거부였던 아버지를 설득하여 조선일보를 인수하고 독립운동에 기여 하는 신문사로 변화를 시켰다. 신석우는 특히 우리가 지금 말하고 있는 '대한민국'이란 말을 최초로 상해 임시정부에 건의를 하여 사용하게 되었다. 대한민국이란 이름을 시작한 신석우는 우리가 기억할 인물이다. 남대문시장에 친일 세력 원윤수 김석원 그리고 방응모 등이 시장을 관리하며 자본을 모으고 또 자본가들을 결합시켰고 이 돈으로 이들은 일본과 손을 잡고 광산을 불하받았고 광산을 통해서 큰돈을 모은다. 규모가 커지자 언론이 갖는 정보와 영향력을 필요로 한 방응모는 1932년 조선일보 영업국장을 자원하였고 재정이 어려운 조선일보를 1933년 3.23일 인수하여 방가의 조선일보를 만들었다.

갤러리를 가기 위해 남산을 향하다 시간 여유가 생겨 남대문시장을 찾았다. 어느 커피가게 간판에 커플 비둘기가 커피 향을 느끼고 있다. 시장에 사람들이 모이는 것에 코로나를 말하지 않았으면 좋겠다. 그런 유치한 사고에서 지혜로운 넉넉함과 응원의 격려가 지금 필요하다. 사람이 많아진 것을 코로나경계심이 없어졌다고 말하는 사람들이 나는 얄밉다. 남대문시장 조금 걸어 다닌 답사기이다.

일진이라고 하면 잔인한 폭력집단으로 대변된다. 우리나라에 일진은 언제부터 있었을까? 일진을 처음에 만든 사람은 송병준이다. 그는 을사늑약을 지지하며 고종 앞에서 헤이그 밀사에 고종에 관여했다고 칼을 차고 들어가서 다음과 같이 말했다. "황제 자리를 내 놓으시죠! 당신은 이또 앞에 무릎을 꿇든지, 아니면 이 자리에서 자결하세요!" 라고 외친다. 신하였던 그의 이 말은 조선 역사 최악의 식겁이다. 그는 조직적으로 조선의 영혼을 없애고 일제에 협력하기 위하여 조선 반도 곳곳에 일진회를 확장했다. 일진회가 주장한 것은 정부는 국민들에게 예산을 거두거나 집행하지 못하도록 하여 정부를 무력화시키고 세계사의 중심은 일본이기에 조선이 살 길은 일본의 우산아래 있어야 하며 언론과 경찰을 동원하며 저항운동을 하는 조선인들을 찾아 신고하고 고문을 하고 언론을 통해 친일 분위기를 조성하는 것이었다.

이완용 송병준이 조선일보의 설립자였다는 것과 송병준이 남대문시장을 조선 총독부에서 불하받아서 물품과 돈과 조직을 동원해 친일행위를 했다. 일진회는 돈과 정보력 조직력 군사력을 다 갖추고 있었고 나팔언론인 국민신보를 후에는 조선일보를 이용했다. 아래 사진은 송병준이 일본 황태자의 조선 방문을 지지 환영한다는 아치를 일진회 이름으로 남대문에 설치한 모습이고 사진2는 일진회에 대항했던 구연영 열사(1864~1907)가 공개 처형되는 장면이다. 동학혁명에 참여했고 의병장이었던 구연영은 남대문에서 상동교회의 청년 전덕기를 만나서 스크랜튼 선교사의 큰 뜻과 진정성을 소개받고 10살이 어린 전덕기 에게 큰 감동을 받아 후에 목사가 되어 이천을 중심으로 항일운동을 한다. 구연영 열사를 체포 처형시켜야 한다고 생각한 일진회는 이용진이란 첩자를 통해서 그와 그의 아들을 체포해 고문을 가하며 구국회 명단을 이름을 대라고 말하자 구연영은 조선에서 일진회 빼고는 다 항일자이며 독립운동가라고 말하고 45살 때 25살 아들인 구정서와 함께 사전처럼 공개 처형된다.

일진회와 구연영 | 위키백과 인용

영웅은 위기에서 두각을, 전덕기

    남대문시장 이야기를 했다. 회현동(會賢洞)은 조선시대에 정승들이 모여 살았는데 검사를 영감이라고 하듯 정승들을 높이 불러 현인들이라 하였고 현인들이 모여 살았다고 해서 붙여진 이름이다. 남대문을 지나면 옛날 새로나백화점 건물이 보인다. 이 건물이 상동교회인데 이곳을 조선시대에는 '상정승골'이라 불렀다. '정승팔자 상머슴'이란 말이 있다. 조선 최고의 정승으로 존경을 받는 사람으로 영의정을 한 상진(尙震 1493년~1564년)이 살던 곳이다. 그래서 상동 혹은 상정승골이라 불려졌다.

    상진이 어느 날 소 두 마리로 농사를 짓는 어른에게 농담으로 두 마리 소 가운데 어느 소가 힘이 세냐고 묻자, 농부는 귓속말로 "흑 소가 세지요!" 라고 말한다. 상진이 "아니 뭐 그런 이야기를 귓속 말로 하세요 그냥 크게 말하시지요?" 라고 답하자 농부는 "짐승이라고 저 못한다는 소리를 들으면 기분이 좋을 리가 없어서요!" 이 말을 들은 상진은 평생 삼가 남의 이야기를 조심하였다. 또 상진의 집이 비로 인해 수리를 하자는 주변의 말을 듣고 "만약 집을 수리하면 그에 맞는 물건을 들이기에 낭비를 하게 되고 국가에 녹을 먹는 사람이 할 일이 아니다" 라 말한다. 상진의 유언은 단순했다. "나의 업적을 이것저것 적지 말라, 그저 거문고 치기를 좋아했고 술을 얼큰하게 마셔 잘 취한 사람 이상은 언급하지 않아야 한다"라고 했다. 나는 공직을 그만둔다면 그것으로 끝이어야 한다고 생각한다. '내일 일우 위하여 염려하지 말라' 는 예수의 말씀이 군인은 군인으로, 관료는 관료로 마쳐야 한다는 것이다. 연금으로만 살아가는 청빈의 삶을 정승 상진이 보였기에 아니 간절하게 남겼기에 조선 최고의 정승으로 기록된 것이다.

상진에 의해 퇴계가 등장한다

상진은 5살 때 어머니 8살 때 아버지가 돌아가셨다. 그래서 남의 집 하인으로 살던 상진은 15살 때까지 대충 삶을 살았다. 그렇게 놀고 있는 자신에게 누군가 '애미 애비 없는 놈이니 저렇게 살지!' 란 말을 듣고 상진은 학문에 뜻을 둔다. 그는 퇴계 이황을 천거하여 성리학을 현실 정치에서 이루게 한 안목 있는 사람이었다. 재미있는 것은 상진의 성 상(尙)씨는 고려시대의 성이었는데 조선시대에는 고려에 지조를 지켰다고 하여 상(尙)씨 성을 동물 이름인 상(象)씨로 해서 성씨가 모욕을 받기도 하였다. 천방지축에 나오는 축이 바로 가축 명으로 성으로 쓴 성씨들을 말하는 것이다. 이 남대문 상정승골 상동에는 다양한 민중들이 많이 살았다. 윌리암 스크랜튼(1856년~1922년 한국명 시란돈)은 예일대학교를 졸업하고 뉴욕의과대학을 마치고 의사로 목사로 1885년 조선에 온다. 그는 정동에 병원을 세우지만 부촌이라 조선 민중들이 찾아오기가 어렵기에 민중들의 삶의 터 상정승골에 약국과 병원을 세운다.

전덕기와 스크랜튼

남대문에서 숯장사를 하던 힘이 장사인 전덕기는 스크랜튼을 조롱하고 돌을 던지며 외국인에 대한 적개심을 보이는데 스크랜튼의 포용성과 빈민들을 위한 헌신적 삶을 사는 것을 보고 오히려 스크랜튼을 도우며 민중운동 애국 운동의 핵심적 인물이 된다. 스크랜튼의 어머니인 메리 스크랜튼은 아들과

메리 스크랜튼 여사 | 나무위키 인용

함께 의료봉사와 빈민 선교에 집중한다. 특히 당시 여성들이 남녀 내외법으로 남성들 의사의 치료를 받을 수 없는 것을 속상하게 생각하고 조선 최초의 여성병원 '보구려관'을 세워 매년 수천 명의 여성 환자를 돌본다. 특히 많은 빈민 여성들이 모여 있는 동대문에 보구려관(훗날 동대문 이대병원)을 세워 의료 봉사를 한다.

1885년 미국에서 조선에 오려면 일본을 통해서 오게 되었는데 일본과 조선의 생활에 많은 차이가 나고 생명의 위협을 받을 수 있는 일로 조선을 가지 말라는 주변의 이야기를 들었을 때 내가 조선에 선교사가 된다는 것을 나의 민족이 조선이기에 나는 조선에 가야 한다며 소선에 왔다. 그녀는 이화학당을 설립하고 진명여고 숙명여고를 만드는데 핵심 역할을 다한다. 스크랜튼이 아내는 시야가 넓어서 남대문에 이천 평을 매입하였고 남대문시장에 모인 상인들과 도시 빈민들을 위한 교회가 되도록 한다.

전덕기 목사(1875년~1914년)는 신민회를 만들고 이동녕 이회영 김구 이준을 독립운동에 끌어들이고 특히 여운형이 큰마음으로 조선을 사랑하고 독립운동을 하도록 지도했다. 훗날 3.1 만세운동의 총기획자가 여운형인데 전덕기 목사가 없었다면 여운형이 나올 수 없었기에 전덕기 목사가 없었다면 위대한 3.1 운동을 더 뒤에 그리고 그처럼 거대한 저항 물결을 이룰 수는 없었다. 일본 총독부는 105인 사건으로 전덕기 목사를 투옥시키고 잔인한 고문을 하는데 그 후유증으로 1914년 죽게 된다. 전덕기 목사가 사망했을 때 기생 상인 빈민들이 눈물을 흘리며 스스로 상주들이 되겠다고 하며 10리 이상의 긴 줄을 섰다고 한다.

클로팽인 손정도와 콰지모도인 김상옥

  이 글을 읽고 방송관계자 가운데 퓨전 근현대사 드라마로 만들어 보겠다는 분이 있으면 좋겠다. 드라마처럼 글이 찐하게 읽히면 좋겠다. 백신 예방 접종을 하고 마음을 모으고 글을 쓴다. 남산 구름이 글 쓰는 수고를 위로해준다. 1992년도 출간된 김일성(1912년~1994년) 회고록 〈세기와 더불어〉를 보면 손정도(1872년~1931년) 목사에 대한 언급이 있다. 그는 "손 목사님은 이념은 다르지만 내 생명의 은인이다. 그 분은 지조가로 민족을 위해 헌신한 분이다. 항일운동을 온몸으로 이룬 애국지사다"라고 했다. 1926년 항일지사 김형직(1894년~1926년)은 아들 일성에게 "내가 오래 살 수가 없다. 꼭 행하라! 어머니를 모시고 길림에 있는 손 목사님을 찾아가라" 라고 유언을 반복해서 남긴다. 1945년 8.15 당일 조선인은 태극기를 들고 만세를 외치지 못했다. 일본은 우리를 두려움에 세뇌시켰다. 그러나 우리 민족이 1919년 3.1 만세 이후 일본이 총칼로 조선의 저항을 짓밟았기에 26년이 지나서 처음으로 전 국민이 태극기를 들고 조선독립만세를 외친 것은 8월15일이 아닌 16일 17일이었다.

이것은 우리 민족이 두려움에 떨었다는 것이 아니라 조선인은 이미 전략적 지혜가 탁월했다는 것이다. 나의 이 글은 8.15해방이 미국의 선물이 아니라 자주적 저항이었다는 것을 실증하고 있는 것이다. 또 어떤 영웅의 이야기를 전하며 그가 대단하다는 것을 기록함이 아니라 우리 안에 있는 정의와 평화를 향한 용기와 사랑이 유전처럼 흐르고 있음을 밝히는 것이다

연세대학교출판부에서 나온 배민수(1896년~1968년) 자서전에 보면 김일성의 부친 김형직은 배민수 목사 앞에서 혈서로 조국을 위해 살자는 다짐을 하자고 하였고, 김형직과 배민수는 〈대한독립〉이란 혈서를 썼다고 한다. 강직한 조선의 애국청년들이었다.

김일성의 어머니가 강반석(1892년·1926년) 권사이고 외삼촌도 목사고 외할아버지가 강돈욱(1871년~1943년) 목사인 일성은 기독교적 배경을 갖고 태어났지만 그에게 기독교적 신앙을 갖게 한 것은 손정도 목사다. 손정도는 김형직과 조만식(1883년~1950년) 등과 숭실 학교 동문들로 뜻과 형제애를 나누는 사이였다. 김형직의 눈은 정확해서 시야가 넓고 신앙심이 깊은 손정도에게 아들 김일성을 보내 자신이 못해준 것을 맡기고 싶었던 것이다. 길림에 온 일성을 손정도 목사는 가족으로 보살피고 세례를 집례하며 애국심과 신앙심을 깊게 하는 멘토 역할을 한다. 일성은 교사로 성가대장으로 교회에서 봉사

를 한다. 사회주의에 깊이 들어간 김일성이 만주 군벌로 인해 체포되고 생명의 위협에 빠졌을 때 손정도 목사는 지혜와 재물을 다해서 김일성을 위기에서 구한다. 전덕기(1875년~1914년)목사에 의해 민족 애국정신에 영향을 받은 여운형(1886년~1947년)은 손정도 목사를 의지했다. 이들은 언더우드 사망 후 1918년부터 만세운동을 1년간 치밀하게 준비한다.

3.1 운동이 여운형과 연세대 전신 조선 기독교대학 학생들을 중심으로 개신교와 YMCA를 중심으로 준비되었지만 이것을 민족운동으로 키우고 동학인 천도교가 참여하도록 연결한 것은 손정도 목사였다. 손정도는 주옥경과 함께 손병희(1861~1922)가 3.1운동에 참여하는데 결정적 역할을 다했고 그 결과 조선반도 곳곳에 조직이 있던 천도교가 합쳐져서 조선 전체에서 일어난 만세운동이 3.1운동이고 우리 민족의 저항정신을 세계에 알린 것이었다. 손정도 목사는 동대문 감리교회와 정동제일교회를 담임했다. 특히 동대문은 전국에서 청년 상인들이 모여들었고 어둠의 역사 속에서도 희망이 넘치는 조선 해방구였다. 교회가 민족의 과제를 테제로 해서 역할을 감당한 곳이 장로교인 연동교회와 감리교인 동대문교회였다. 손 목사가 동대문교회에 있을 때 청년 교인들은 수천 명이 되었다.

가난하고 질병 가운데 있는 여성들이 실제 남자 의사 앞에서 진료를 받을 수 없기에 여성전문병원이 절대 필요했다. 여성 전문 병원이 동대문에 세워지는데 이 일을 한 분이 손정도 목사와 스크랜튼 모자였다. 이 병원이 후에 이대병원이 되었고 이화학당이 만들어진 계기가 되었다.

콰지모도와 에스메랄다, 코리아에 오다

이 글의 주인공을 이제 등장시킨다. 김상옥로가 있다. 서울 종로와 율곡로 사이 818m 작은 도로다. 종묘 동순라 길에서 구) 정신여고와 연동교회, 한국기독교회관을 지나 복음교회에 이르는 길 이름이다. 김상옥 생가가 있던 곳이다. 김상옥이 치열하게 저항하다 죽은 곳이기도 하다.

효제동에 살던 13살 김상옥(1890년~1922년)은 동대문교회에 출석하며 믿음, 성실함, 애국지사로의 삶을 손정도 목사에게 배우고 감동을 받으며 그처럼 살기로 다짐한다. 나에게 김상옥은 콰지모도다. 김상옥은 십 대에 '동흥야학'을 설립한다. YMCA 청년부장을 하면서 경성 영어 학교를 설립하기도 했다.

열여섯 살 때 영덕 철물 상회를 열어 직공들 50명을 고용했다. 직접 말발굽을 제작하는 대장장이였다. 19살 이미 부자 사업가로 알려졌지만 김상옥의 지향은 부자가 아니라 항일투쟁이었다. 대한광복단을 결성해 본격적인 독립운동에 뛰어들었다. 손정도 목사의 주례로 23살에는 같은 교회 자매와 결혼한다. 또한 국산품 생산을 창안해서 양말, 장갑, 농기구를 직접 제작 생산했고, 말총 모자를 직접 개발했다. 지금의 신당동 대장간의 전통이 그의 사업 철학에 있었다. 그는 최초로 동업조합을 만들었고 일본어 사용을 금했다. 김상옥은 1919년 3월, 동대문교회 교인들과 자신의 철공소 직원 오십여 명과 함께 태극기를 제작해 나눠주고 탑골공원에서 만세를 선창하고 독립운동을 주도한다.

김상옥은 1919년에 상해에 가서 혁신단과 암살단을 조직해서 무력 항쟁 단체를 결성하고 만주에 있는 김좌진 부대 요원들과 친일 인물 암살을 협의하고, 상해임시정부와 상의해 무기를 휴대하고 상해에서 한국으로 돌아왔다. 결국 김 의사는 이 일로 인해 궐석재판에서 사형선고를 받는다. 김상옥은 전국을 다니며 군자금을 모아 임시정부에 전하였고 다시 한국에 올 때 권총 2정, 800발 실탄, 폭탄을 가지고 와서 1923년 1월 12일 항일 항쟁하는 분들의 고문 장소인 종로경찰서에 폭탄을 투하했다. 분노한 일경은 효제동에 김상옥을 검거하기 위해 제1진 권총 형사대, 제2진 장총 형사대, 제3진 기마경찰대, 제4진 헌병 차량 기동대 총 천명을 투입시킨다.

종로경찰서에 폭탄을 던진 후 친일지 매일신문 집필자를 응징했던 그는 후암동에서 체포되자 일경을 죽이고 승복을 입고 종로5가 자신의 생가인 효제동에 몸을 숨기고 일경과 일대 대전을 펼친다. 그의 유언은 없었다. 쌍권총 싸움이 전부였다.

　그러나 그가 만수에서 이농휘, 조소앙에게 남긴 말은 있다. "생사가 이번 거사에 달렸습니다. 실패하면 우리 내세에서 만나요. 나는 자결하여 뜻을 지킬지언정 적의 포로가 되지는 않겠습니다." 이 장렬한 독립저항에 한 명의 여성 동지가 있었다. 이혜수(1891년~1961년)청년이다. 나에게 이혜수는 에스메랄다이다.

　1923년 성탄절 경성 지방법원에 이혜수가 들것에 실려 왔다. 판사의 심문에 그녀는 힘들게 말했고 여동생이 옆에서 이혜수의 대답을 듣고 판사에게 전달했다. 긴상옥을 숨겨주었다는 이유로 그녀는 고문으로 몸이 망가져 있었다. 동아일보는 1923년 12월 26일자 그녀의 법정 사진을 남겼다. '숨 멎어서도 방아쇠는 항일 시가전 호외'(2020년 11월 21일자)에 소개한 대로 김상옥은 매부 고봉근의 후암동 집에 숨어있었다. 또 총독부 총독을 암살하려고 서울역 근처에 있었다. 그러나 세입자의 밀고로 일본 경찰이 정보를 알고 들이닥치자 체포조인 유도사범 다무라를 사살하고 다른 일경에게도 총상을 입힌 뒤 탈출한다.

김상옥은 눈 덮인 남산을 넘었고 동상이 걸렸다. 두 개의 총은 장충단 남소영 천에 숨기고 효제동의 사는 교회 자매인 이혜수 집으로 1월18일 숨었다. 이혜수 역시 강단 있는 청년이었고 일제가 저지른 제암리학살사건에 분노해 김상옥이 결성한 혁신단 활동을 했다. 이혜수에게 총의 위치를 이야기하였고 이혜수는 남소영 천에서 총을 찾아 김상옥에게 전달한다.

　　경찰은 김상옥의 뒤를 캐려고 이혜수의 아버지 어머니는 물론 여동생들에게도 모질게 고문했다. 이혜수 등 딸 3명은 고문과 수치심도 못 견딜 일이었지만 환갑이 넘은 아버지 어머니가 매달린 채 매를 맞으며 울부짖을 때 더 마음이 아팠다.

　　이혜수 본인도 무지막지한 고문 끝에 늑막염으로 몸을 가누지 못했다. 동아일보 4월 1일자 기사의 '무한한 고초를 겪어'라는 짧은 구절 속에 숨어있는 실상을 그려린다. 김상옥의 위치가 일본 경찰에 알려진 이유는 고문을 당했기에 동지가 배신한 것이 아니라 잠을 안 재우는 고문으로 비몽사몽한 말을 추적해서 이혜수 집에 숨어있다고 판단하고 1월 22일 새벽 경찰 수백 명이 효제동 73번지 이혜수 집을 에워쌌다.

　　김상옥은 효제동 73번지에서 74번지로, 다시 76번지로 벽을 뚫고 들어간 뒤 이 집 변소에 있다가 72번지로 넘어갔다. 김상옥은 집 주인에게 이불을 달라고 했다. 이불로 경찰의 총알을 막으며 싸웠다.

조국이 어려울 때 먼저 알고 몸을 던진 이가 있었다. 그래서 선배다. 선배를 외롭게 하지 않은 아우들이 있어서 후배다. 부모가 뜻으로 살았고 자녀는 담대했다. 피가 그래서 물보다 진한 것이다. 남자가 치고 가고 여자도 지독하게 싸웠다. 사랑은 호르몬으로 움직인다. 하지만 사랑은 호르몬을 넘는 것이다.

김상옥 의사 동상이 대학로 마로니에 공원에 있다.

김상옥열 의사 외손자 김세원 선생이 저자에게 김상옥 의사의 저항을 현장에서 설명하고 있는 모습

받는 것보다 줄 수 있을 때 기적은 온다

대학로 성균관대 앞에 〈나누미떡볶이〉란 가게가 있다. 1989년에 맛나분식으로 시작했고 'HOT떡볶이'로 알려졌다. 이집은 오뎅이 맛있다. 2000년쯤 직원이 근처 맛집이라고 날 데리고 갔다. 오뎅이 맛있다고 하며 가게 에피소드를 들려주었다. 이 집 오뎅이 부산오뎅인데 장사가 잘되니 분식집에서 일하던 직원이 퇴사하고 옆집에 같은 메뉴로 가게를 열었고 오뎅을 개당 200원을 싸게 받았는데 성대생들이 같은 내용을 싸게 파는 집을 가지 않고 원조 가게만을 이용해서 결국 오리진 가게만이 살아남게 되었다는 것이다.

나는 이 가게가 앞으로 잘될 것이라고 직원에게 말했다. 이십 년이 지난 요즘도 이 집은 문전성시다. 이 집을 계속 잘될 것으로 본 것은 고객이 스스로 돈을 더 주더라도 선택한 가게는 고객이 이 가게를 지켰다는 자부심을 갖게 되는 벤자민 플랭클린 법칙이 적용될 것으로 보았기 때문이다.

미국 건국의 아버지라고 말하는 벤저민 프랭클린(1706년~1790년)

은 교육을 2년밖에 못 받았다. 그는 일찍 인쇄소에서 취업해서 생존했는데 인쇄소에서 일하며 책을 집중해서 읽는 습관이 생겼고 독서하는 능력을 갖게 되었다. 후에 프랭클린이 정계가 나간 후 벤저민 프랭클린을 늘 미워하는 의원이 있어 프랭클린을 공격했는데 어느 날 프랭클린은 자신이 꼭 읽고 싶은 책이 그 의원에게 있는 것을 알고 정중하게 빌려달라고 한다. 책을 읽은 후 프랭클린은 의원에게 책을 돌려주며 책 안에 감사의 표시와 책에 대한 고마움을 표했다. 이 일 이후에 그 의원은 프랭클린에 대하여 호감을 가졌고 항상 프랭클린에게 조언을 해주었다.

사람은 누군가에게 친절을 받은 것보다 누군가에게 도움을 준 것을 더 기억하고 호의적으로 된다는 것이 벤저민 프랭클린 법칙이다.

당신의 은혜를 받은 사람보다는 당신에게 호의를 베픈 사람이 당신에게 또 다른 호의를 베풀 준비가 되어 있을 것이다.

내리사랑은 있어도 치사랑은 없다는 말과 유사할 수 있다. 누군가 나에게 친절이나 내가 고마워할 수 있는 행동을 할 수 있게 하는 것이 지혜이다. '시간이 돈이다'라는 최초의 어록을 남긴 벤저민의 시간표가 재미있다.

소주 마실 때 3 5 7 9 홀수 병으로 마시는데 프랭클린은 3 5 7 9를

합하면 24시간이라 하며 9시간은 일을 향한 에너지, 7시간은 잠을 향한 쉼, 5시간은 일상의 행복한 시간, 3시간은 자신을 위한 향상의 시간이다. 미국의 100달러의 인물이 벤저민 프랭클린인데 우리 돈으로 십여만 원이다. 요즘 서민들의 하루 일당이다. 24시간은 그런 의미에서 매일 나에게 주어진 행복한 돈이란 생각이 든다. 그의 또 다른 어록 하나가 저녁 시간 마음에 남는다. Be slow in choosing a friend, slower in changing a friend(지인을 선택하는 것을 천천히 하라, 지인을 바꾸는 것은 더 천천히 하라)

베르베르의 책 '상상력사전'에 나오는 '페리숑의 콤플렉스' 내용이다. 페르숑은 아내와 딸과 여행을 간다. 또 딸을 좋아하는 두 남자도 동행한다. 페르숑이 승마 중 넘어져서 낭 떨어지에서 떨어지는데 남자A가 구해준다. 페르숑은 고마움을 표현했고 아내와 딸은 남자A를 신랑감으로 생각한다. 페르숑은 남자B와 트레킹을 가는데 B는 실수로 추락하는데 페르숑이 구한다. 당연 남자A로 신랑이 결정되어야 하는데 페르숑은 B를 선호하고 딸에게 B와 결혼하라고 한다. 페르숑은 가족에게 나는 떨어지면서 나뭇가지를 잡을 수 있었다. A가 도움을 주지 않았어도 나는 살 수 있었다고 말하면서 A에 대하여 과소평가한다. 나중에는 A가 왜 자기를 도와주었는지 의심도 한다. 베르베르는 이 이야기를 재미있게 분석한다. 세상에는 고마움을 모르는 것에 그치지 않고 자기를 도와준 사람들을 미워하는 자들이 있다. 이것은 아마도 도와준 사람들에게 빚을 진 기분으로 살아야 한다는 것이 싫기 때문일 것이다. 반면에 우리는 우리 자신이 도와준 사람을 좋아한다. 우리의 선행을 자랑스러워하고 도움받은 이들이 두고두고 감사하리라 확신하기 때문이다. 사람들의 행동양식은 역시 재미있다.

비가 술처럼 마셔진다. 엄니가 그립다. 천사 엄니가 그리운 이 밤이다. 엄니는 대학로에서 아들인 나를 도와 직원들 식사를 챙겨주셨다. 바쁘기에 잠시만 뵙지만 늘 웃어주시고 염려해 주시는 눈빛이 좋으셨다. 요즘 TV를 멀리했더니 박경리의 시집 '버리고 갈 것만 남아서 참 홀가분하다' 가 읽혀진다.

그 집에서 나는 혼자 살았다
다행이 뜰은 넓어서
배추 심고 고추 심고 상추 심고 파 심고
고양이들과 함께 살았다 정붙이고 살았다

달빛이 스며드는 차가운 밤에는
이 세상의 끝의 끝으로 온 것 같이
무섭기도 했지만
그 세월, 옛날의 그 집
그랬지 그랬었지

대문 밖에서는
늘
짐승들이 으르렁거렸다

늑대도 있었고 여우도 있었고
까치독사 하이에나도 있었지
모진 세월 가고
아아 편안하다 늙어서 이리 편안한 것을
버리고 갈 것만 남아서 참 홀가분하다

힙지로 라운딩으로 '홀인원'하는 팁

힙스터(Hipster)라는 말이 있다. 저항하는 젊은이란 뜻이다. 어원은 1940년대 전쟁을 반대하고 미래나 국가를 위해 희생하는 것을 거부하고 일상성을 즐겁게 살아가는 문화적 아편을 맞은 자처럼 산다는 재즈에 열광하는 사람들이란 뜻이나. 이들은 스마트와 젠트리피케이션을 거부하고 평화와 녹색정치, 비건(Bugun)과 자연 친화 그리고 음악과 위트를 즐기는 세대로 이어지지만 한국에서는 재개발로 사라지고 또 폐허화 된 을지로 3가를 중심으로 새로운 공급과 새로운 소비를 하는 상업 문화를 탄생시키고 있는데 힙스터와 을지로를 줄여서 힙지로라고 말한다.

용기 있는 꾼들이다. 이 들이 운영하는 가게는 일반인들은 찾기 힘들다.

① 옥탑이다

② 엘리베이터가 없다

③ 간판이 없다

④ 인테리어를 하지 않는다

⑤ 주 고객은 팬덤이다

내가 충무로 라운딩을 하면서 본 힙지로 풍경이다.

뱁새가 황새를 쫓아가다가 다리가 찢어졌다는 것은 소비 선도 층인 부유한 자들이 만든 자본주의 소비 시스템에 속아 다수가 더 가난하게 되는 것에 대한 젊은이들의 의미 있는 저항이 '힙지로 문화인 것이다. 힙지로가 가로수 길과 홍대와 다른 이유다.

멋있다. 난 이들의 용기에 카페사업자 선배로 응원을 보낸다. 한 가지를 첨언 하면 이들 대부분 이 마지막 소비구조는 보통 다른 자본주의 카페와 다르지 않다는 것이다. 힙지로는 콘텐츠를 팔아야 하는데 다 메뉴를 판다. 이 아쉬움을 채우는 역할에 내 경험과 지향성이 도움이 되길 소망하고 있다. 거북선 보행길(세운상가 공중보행길)에 철학 서점이 있고 페미니즘 카페 등 콘텐츠 카페들도 종종 보인다. 메뉴를 파는 가게를 넘어 콘텐츠를 파는 가게들을 보면 반갑다. 내가 의미로 카페를 열 수 있다면 어디에 앉을지 무엇을 마셔야 할지 늘 그저 그런 가게가 아닌, 덜 대접받고 고통당하는 사람들을 기억하고 이런 생각들이 얼마나 우리를 평화롭게 또 더불어 행복하게 할 수 있는지를 느끼게 해주는 카페다.

박원순 시장과 인연이 있었다. 그는 사직단에서 흥인문까지의 율곡로와 종묘에서 남산까지의 공중 보행길을 만들어 시민에게 고즈넉한 조선의 풍경을 돌려주려고 하였다. 여러 사람들이 그 뜻을 이어가듯 나 역시 길 위에 인문학 이란 동사를 통해서 시민들과 나누는 정 (情)과 우정을 이어가 가고 있다.

시인 셸리는 구름을 이렇게 표현했다.

I am a daughter of Earth and Water,
I change, but I cannot die.

나는 비가 올 때는 유독 생생하게 기억하는 선명한 꿈을 꾼다. 그리고 꿈을 해석하고 해석을 따라 하루를 움직이면 특별한 선물이 오거나 아니면 영혼을 넘는 영혼의 평화를 누린다. 우주에 있는 모든 별들이 갖지 못한 것이 구름과 비다. 어느 별에도 비와 구름은 존재하지 않기 때문에...

비와 구름은 우주에서 단 하나 지구에만 있기에 비와 구름이 있는 날은 선택된 날이다. 어제 꿈은 이랬다. 나에게 고마움을 주신 분들이 제주 바다에 지어진 큰 정자에 있다. 고마운 지인들이 모여 있다. 나는 내심 맑은 바다가 이 정자를 덮을 것 같아서 내심 불안한데 나와 달리 나의 지인들은 모두 평화롭게 있고 아무 일 없을 것이라고 한다.

눈을 뜨고 먼저 떠오른 생각은 2012년 한반도에 강타한 태풍이 제주에 닥쳤던 사건이다. 그때 통유리로 된 시앤블루 카페를 운영한 김영한 대표가 카페 통유리가 넘어지지 않게 하려고 사투를 다한 이야기를 하시다가 만약 카페 앞 해안에 큰 바위가 없었다면 그대로 카페는 날라 갔을 것이라고 하면서 해안가 큰 바위가 생명을 지키는 안전벨트였다고 말한 기억이 났다.

큰 바위가 있어야 생명체들이 살아내고 작은 조약돌이 있어야 그 속에 있는 작은 생명들이 살아남는다는 생각이 들었다.

평소 서로를 아끼고 소중히 여기는 두 친구를 만나 그 우정을 격려하고 싶어서 바로 그들에게 전화했고 같이 식사했다. 나눈 이야기는 롱펠로의 '인생찬가' 시와 비슷하다.

위인들의 모든 생애는 말해 주노니,
우리도 장엄한 삶을 이룰 수 있고,
이 세상 떠날 때는 시간의 모래위에

우리 발자국을 남길 수 있음을...

활동하라 산 〈현재〉에 활동하라!
가슴 속에는 심장이 있고,
머리 위에는 신이 있다

솔직히 내 마음 하나를 여기 얹는다. 박원순 시장에 대하여 전체든 부분이든 비판하는 분들의 글을 읽으면 속상하다. 이분들의 예리한 비판적 분석이라도 그것이 이분들의 지식 능력으로 보이지 않는다. 다 이유가 있겠지만 송곳으로 찌름을 당하는 기분이다. 나는 지식이 깊지 못해서 논리적 대응을 못 한다. 그리고 하고 싶지도 않다. 그런데 많이 아프다는 것은 분명 전하고 싶다.

니와 디르게 생긱하는 분들이 나와 인간적으로는 친해노 또 평소 내 글을 좋아하고 나를 존경한다고 해도 아무리 내가 지식을 넣어 차분하게 말하고 이해를 구해도 이분들의 생각이 달라지지 않을 것이다. 물론 반대의 경우로 나도 달라지지 않을 것이다. 그래서 나는 내 생각에 위로받고 '인생찬가' 시처럼 '그러니 이제 일어나서 일하자.. 우리가 가야 할 곳, 혹은 가는 길은 향락이 아니고 슬픔이 아니며, 내일 하루하루가 오늘보다 낫도록 행동하는 그것으로' 하며 심지를 굳게 할 뿐이다. 이런 마음을 나누고 일몰시간 한여름 사셨던 삼양동 골목을 걸으며 마치 가가호호 축복하는 전도자처럼 서툰 기도를 다

정겨운 거리와 집들로 느껴진다.

남산 둘레 길을 걷게 하는 세운상가 타운 보행길을 선물로 주셨다.

"안녕하세요. 제가 이 근처로 이사 왔는데 궁금한 것이 있어요. 이 골목 모든 집들이 전부 집 앞에 꽃 화분을 내놓으셨는데 혹시 주민센터에서 하라고 하신 건가요?" "아뇨 제가 이곳에 이사 온 지 40년 되었는데 사람들이 다니지 않네요. 제가 꽃을 좋아해서 사람이 다니지 않는 길이지만 꽃씨 다니라고 화분을 놓았어요. 그런데 십수 년 전부터 옆집들이 저처럼 꽃을 심었고 그래서 이렇게 되었네요" 사람이 다니지 않기에 꽃씨가 다니라고 한 이 길이 참 귀하게 느껴졌다. 나는 이 길을 필동 꽃길이라고 부른다.

으아리 꽃 보러 가자

지인들과 동네 근처에서 차 한 잔 나누다 나는 지인에게 산책할 시간이 있냐고 묻는다. 가능하다고 하면 필동 꽃길이 있는데 30분 정도 산책하자고 제안한다. 산책을 마치면 연령이나 보수 진보 이념 성향과 관계없이 모든분들이 필동 꽃길을 좋아하셨다. 사실 오랜 지인 아니면 연령이 다르고 정치 성향이 다르면 대화가 쉽지 않다. 그러나 산책은 그것을 넘는 산소 울타리가 된다.

한국 농민들이 60년대 쌀값이 실질적으로 떨어지는 상황에 놓였다. 미국은 60대 국민들에게 인기 없는 자유당 정부와 농업 위주의 한국 경제가 마음에 들지 않았다. 정국이 불안하고 한국이 농업국가인 것이 미국의 이익에 도움이 되지 않았다. 군사적 힘을 지닌 엘리트들이 정권을 안정시키고 공업 국가가 되어야 미국은 한국을 통해 인력을 확보해 미국의 수출 이익을 늘릴 수 있었기 때문이다.

이런 미국의 이익과 5.16쿠데타 세력 간에 이익이 일치했다. 박정희 정부는 도시 근로자들이 많아야 수출을 할 수 있기에 한국 농민들을 근로자로 만들려고 한국의 농산물 가격을 경쟁력 없게 만들어 농민들을 이농시켰다. 농민들이 서울로 몰려오기 시작했고 이런 정책의 피해로 도시 근로자가 되었는데 처음에는 경기도 분들이 오고 이어서 강원도, 충정도 분들이 오고, 그리고 경상도 분들이 왔고 곡창지대였던 전라도 분들이 맨 마지막에 편입되었다.

그때 서울로 온 분들이 자리를 잡은 것이 현재 세운상가 타운이 자리 잡은 빈 공터 소개공지에 판자집을 지으며 살았고 남산 산동네도 이렇게 무허가로 살아내는 분들이었다. 이런 시절에 나온 시가 시인 정희성의 김씨다.

김씨

정희성

돌을 넌신나
막소주 냄새를 풍기며
김씨가 찾아와 바둑을 두면
산나는 섯이 이저럼
나를 노엽게 한다

한 칸을 뛰어 봐도
벌려 봐도 그렇다
오늘따라 이렇게 판은 넓어
뛰어도 뛰어도
닿을 곳은 없고

어디 일자리가 없느냐고
찾아온 김씨를 붙들고
바둑을 두는 날은
한 집을 가지고 다투다가
말없이 서로가 눈시울만
붉히다가 돌을 던진다

취해서 돌아가는 김씨의
실한 잔등을 보면
괜시리 괜시리 노여워진다

저문 강에 삽을 씻고

정희성

흐르는 것이 물뿐이랴
우리가 저와 같아서
강변에 나가 삽을 씻으며
거기 슬픔도 퍼다 버린다

일이 끝나 저물어
스스로 깊어 가는 강을 보며
쭈그려 앉아 담배나 피우고
나는 돌아갈 뿐이다

삽자루에 맡긴 한 생애가
이렇게 저물고, 저물어서
샛강 바닥 썩은 물에
달이 뜨는구나

우리가 저와 같아서
흐르는 물에 삽을 씻고
먹을 것 없는 사람들의 마을로
다시 어두워 돌아가야 한다

한 그리움이 다른 그리움에게
  정희승

이느 닐 덩신파 내가
날과 씨로 만나서
하나의 꿈을 엮을 수만 있다면

우리들의 꿈이 만나
한 폭의 비단이 된다면 나는 기다리리,
추운 길목에서

오랜 침묵과 외로움 끝에
한 슬픔이 다른 슬픔에게 손을 주고

한 그리움이 다른 그리움의
그윽한 눈을 들여다볼 때
어느 겨울인들
우리들의 사랑을 춥게 하리

외롭고 긴 기다림 끝에
어느 날 당신과 내가 만나
하나의 꿈을 엮을 수만 있다면

지금 근현대사 충무로에 남아 있는 유일한 개봉관이 대한극장이
다. 얼마 전에 새 주주를 맞이했다. 미술 문화를 지원하는 메세나 기
업으로 알려진 우양산업개발이 373억을 지불하고 대한극장 대주주
가 되었다고 한다. 사라지는 것이 아니라 이렇게 유지되는 것이 귀한
것인데 대한극장이 계속 존속한다는 것은 추억을 지닌 분들만이 아
니라 영화계에도 좋은 일이다.

1956년 대한극장, 로마의 휴일이 되다

 전쟁 후 한국은 미국문화에 긴급 예속되었다. 헐리웃 영화는 한국의 로망이었다. 피폐해진 마음과 전후 복귀 과(過)노동에서 정신적 위로를 헐리웃 영화들로 사람들은 채웠다. 〈애수〉를 보며 전쟁으로 헤어진 연인들의 운명을 자신으로 대입시켰고 〈로마의 휴일〉을 통해서는 미래의 희망을 꿈꾸었다. 당시 서울시장 김형민은 1955년 시민들을 위한 최고의 극장을 세우기로 결심을 했고 아들을 전쟁에서 잃었던 밴 플리트 8군 사령관의 노움으로 20세기 폭스사와 연결되어 대한극장을 세계적 수준의 극장으로 지을 수 있었다. 75mm 원작을 상영할 수 있는 영사기가 수입되고 당시로서는 최첨단 공기 정화 시설을 가동시켰기에 창문이 하나도 없는, 이색적인 건물인 대한극장이 1956년 4월 4일 오픈되었다. 대한극장은 70mm 필름을 원형 그대로 상영할 수 있는 초대형 스크린과 첨단 음향 시스템, 1,900여 개 좌석을 갖춘 최첨단 명품 극장으로 각광받았다.

 1958년 국쾌남이 극장을 인수하면서 스크린이 가로 22M 세로

11.5M 대형스크린으로 영화를 보게 되니 대한극장에서 영화를 본다는 것은 감동과 추억을 오래 간직하게 되는 그 자체였다. 초대형 스크린을 통해 벤허, 사운드 오브 뮤직, 킬링필드, 마지막 황제,

백투더퓨처 등 영화사에 족적을 남긴 대작은 모두 대한극장에서 개봉했다. 1962년 대한극장에서 상영된 벤허는 그 때 당시 70만 명이 보았다. 서울 인구가 당시 약 250만 명이었기에 서울시민 4분지 1이 대한극장에서 영화를 보았다.

사람들과 화제성 있는 이야기를 하려면 영화가 핵심이었고 그러기에 대한극장은 시대적 '랜드마크'였다. 대한극장 뒤에 살면서 극장 이름이 남아 있는 것이 좋다.

당시 대한극장 입장료가 700원이었는데 요즘으로 말하면 7만 원이니 거의 라이브 공연 비용이었다. 그래서 개봉관에서 영화를 보는 것은 부자들 아니면 어려웠다. 충무로에는 극장만이 아니라 영화 제작 외화수입사들이 많았다. 그중 하나가 한진영화사(한진흥업)이다. 적산(귀속)재산 중에 워커힐 일대 등 몇 곳이 이승만이 상납을 받고 정치적 별장으로 사용되었는데 남산을 끼고 있는 필동에도 있었다.

필동에 있는 이승만 별장은 나중에 한진영화사가 매입했다. 한진 영화사는 〈미워도 다시 한번〉〈난장이가 쏘아올린 작은 공〉〈난중일기〉〈은마는 오지 않았다〉 등 백오십 편을 제작했고 〈록키〉〈스팅〉〈깊은 밤 깊은 곳에〉 등 이백 편을 수입한 영화사다. 지금 그 영화사 자리에는 한진흥업의 가족들이 '라비두스' 란 하우스 웨딩을 운영하고 있다.

을사늑약체결로 한국통감부(한일합방 후 조선총독부)가 생긴다. 당시 일본인들의 꿈은 조선에 와서 부자가 되는 것이다. 조선은 조선을 넘어서 중국대륙에 진출하는 통로이었기 때문이다. 일본 청년들은 군인으로 조선에 왔고 일본 중년 남자들은 장사를 하기위해 조선에 왔다. 옛 조선은 지금과 같은 화폐구조가 아니고 현물로 납세를 했기에 큰 창고들이 필요했고 남쪽에 있는 창고를 남창 북쪽 창고를 북창이라고 하였다. 남창동 북창동의 유래다. 이것을 관리하기 위해 일본은 근처인 필동에 조선 총독부를 세워 조선을 관리했다. 조선 총독부의 위엄과 질서를 위해 경찰과 조선 헌병대 군인을 주둔시킨 곳이 현 남산 한옥마을이다.

을사늑약 이후 일본은 더 많은 이익을 내고 통치를 효과적으로 하려고 여러 신작로를 만드는데 그 신작로가 혼마치(지금 충무로)였다. 충무로는 현재 남산 한옥마을에서 창덕궁까지의 길이다. 창덕궁에 연금된 순종을 감독하며 시민들 저항을 막기 위한 그들의 도로였다.

3.1 만세운동이 일어날 때 일본 군경은 이 도로를 통해서 독립운동을 제압했다.

조선에 온, 수만 명의 남자들은 혼마치 위 상업지(현재 명동)를, 혼마치 아래로는 인쇄 등 제조업을 장악했다. 지금도 일본 이름의 인쇄 용어들이 많은 이유다. 이들의 주 *서주지*는 치안 등의 이유로 필동 쪽에 많이 살았다. 당연히 신작로 충무로에는 이들의 외로움을 달래는 영화관들이 많았다. 퇴계로에 있는 애견샵도 실은 일본인들의 외로움을 달래주려고 시작된 이유이다. 현재도 충무로에 남성 동성애자들이 모이는 것도 이런 배경 때문이다.

세월이 흘렀다. 그 시절 영화관도 영화사도 거리에 배우들도 충무로에는 지금 없지만 충무로는 영화의 상징어로 되어 있다. 메타버스는 시(視)신경, 뇌(腦)신경을 연구해서 사람들이 자극을 받아 그 플랫폼에 들어가게 하는 것인데 당시 대한극장 75mm 영사기와 22×11.5m 스크린이 그런 것 같아 아직도 나처럼 대한극장 영화를 기억하는 사람들이 많다. 누구랑 보았는지도 기억은 안 나는데 영화 내용은 기억이 난다.

'닥터 지바고'를 메타버스로 기억한다.

8살 고아가 된 지바고는 그로메코 집안에 입양이 된다. 지바고는

1912년 노동자와 학생들이 부패한 제정 러시아 혁명을 위해 싸우다 부상을 당하고 죽는 것을 보고 혁명을 지원하는 의사가 되기로 결심한다. 여주인공 '라라'는 그녀의 어머니 정부(情夫)에게 성폭행을 당한다. 라라는 크리스마스 파티에서 그 어머니 정부에게 총을 쏜다. 지바고는 이때 라라를 위한 행동을 취한다.

1차 세계대전에 닥터 지바고는 군의관으로 참여했고 라라는 종군간호사로 전쟁에 참여하여 둘은 서로 좋아하며 교제 한다. 이후 지바고는 혁명군에 소집되는 것을 반대하고 우랄산맥에 숨어들고 거기에 있는 도서관에서 공부를 하다 라라를 다시 만난다. 그러나 지바고는 혁명군 러시아 빨치산에 잡혀서 입산하여 유격대원이 되고 갖은 고생을 다해서 그곳을 탈출하여 라라를 찾아 나선다.

그리고 기차를 타고 가던 중 라라를 발견하고 바로 기차에서 내려 라라를 부르지만 그 순간에 지바고는 심장마비로 숨을 기둔다. 영화를 보다 가장 애가 탄 장면이었다.

요즘 우리가 심장마비로 쓰러진 지바고 같은 모습 아닐까?

닥터 지바고 이 작품은 파스테르니크가 쓴 소설이 원작이다. 파스테르니크는 바그너 등 여러 음악가의 영양을 받아 음악인의 삶을 살다가 자신이 음악적 재능이 부족함을 발견하고 철학적 소양을 쌓고 문학을 전공한다.

특히 그의 집에 놀러온 톨스토이나 릴케와 교류하며 문학에 몰입하여 큰 명성을 얻는다. 그는 별거 중에 여성 올가를 만난다. 올가는 파스테르니크의 비서 역할을 하고 동지로 그를 돕는다. 파스테르니크가 올가에게서 영감을 얻어서 자존적 소설을 쓴 것이 〈닥터 지바고〉이다. 올가는 1957년 이 작품을 유럽에 알렸고 스웨덴에서는 1958년 노벨문학상을 파스테르나크를 선정한다. 그러나 소련은 공산주의와 연방주의가 교조화 되는 것을 반대한 비판 소설이라고 하여 그에게 수상을 하면 추방하겠다고 한다.

올가는 노벨 재단에 "이 과분한 상을 거절합니다. 저의 자발적 거부를 불쾌하게 받아들이지 않았으면 합니다" 라고 전했다. 스웨덴은 결국 파스테르니크 사후 20여 년이 지나서 시상하게 한다. 하지만 올가는 파스테르니크가 생존 했을 때 4년간 옥에 갇히고 작가 사후에 다시 4년간 옥살이를 한다. 온몸이 망가져 그녀는 20년 이상 늙어 보였다. 작가가 그녀와 떨어져 있을 때 한 말이 멋있다.

"가만히 응시해도 눈 오는 밤 모든 것이 아물거려 나는 경계를 그을 수 없네 나 자신과 그대가 어디서 나뉘는지?"

충무로 하나 남았던 대한극장 다시 리모델링하다.

2024년 여름 대한극장은 문을 닫았다. 한편 서운하지만 대한극장은 리모델링을 통해서 상해와 뉴욕에서 선풍적인 인기를 끌고 있는 관객과 배우가 하나가 되어 움직이는 새로운 개념의 공연장이 열린다고 한다. 충무로 극장이 없어지면 어김없이 헐고 오피스텔 등이 신축되는 것과 달리 시대에 맞게 공연장이 생긴다고 하니 기대하며 지켜본다.

대한극장 건너편으로 이동했다.

김귀정열사 "이러면 저 죽어요"

김귀정 열사　　　　　동판사진 사진

　　김귀정 열사 동판이 바닥에 있다. 방송에 자주 나오는 94년생 연대 출신 수영선수 정유인이 있다. 정유인의 어머니는 김귀임이고 김귀임의 여동생이 김귀정이다. 1991년 5월 25일 6시 넘어 대한극장 건너편에 김귀정이 외친다.

　　"아저씨, 때리지 말아요. 저 죽어요" 백골단은 "이년아, 집에서 공부나 하지 데모는 왜해"하며 계속 구타한다. 김귀정이 의식을 잃고 쓰러져 있는 것을 발견한 김지훈은(당시 공주사대4학년) 김귀정을 일으켜 세우려고 했으나 백골단이 무차별 몽둥이질을 하자 하는 수 없이 골목을 빠져나갔다. 지인과 다시 돌아와 김귀정을 한겨레신문 취재 차량으로 태워 백병원으로 옮겼으나 병원에 도착했을 때 김귀정은 피를 흘린체로 이미 운명했다.

김귀정은 1966년 태어나 무학 초등학교 한양 여자중학교. 무학
여자공등학교고 외국어대학교를 다니다 중퇴하고 생활전선에 있다가
성균관대학교 불문과에 1988년 입학한다. 동아리 심산학회 회장을
하며 적극적으로 학생운동과 통일운동에 참여한다. 성균관대학교 초
대 총장을 한 심산 김창숙(1879년~1962년)은 3.1운동 이후 망명하여
유림을 대표하는 독립운동을 했다. 비 내린 퇴계로 5시경 시위는 시작
되었고 만 명의 시위대와 수천 명의 전투경찰은 치열하게 대립한다.
10분 동안 경찰이 사용한 최루탄의 양은 다 연발 1백60발, 사과탄 1
백14발, KP탄 6백72발 등 모두 9백46발로 대한극장 일대는 전쟁터
였다. 경찰은 최루탄으로 기선을, 백골단의 폭력으로 시위대를 진압했
다. 끝까지 시위대를 사수하던 25세 김귀정은 열사의 길을 걸었다.

　　김귀정 열사 동판 건너편 대한극장 옆에 '뉴스타파' 언론사가 있
다. 영상 탐사를 전문으로 하는 진실한 언론사다. 김귀정 열사의 억
울한 죽음의 자리 가까이 이 언론사가 있다는 것이 고인의 영혼에 위
로가 될 것이다. 내가 충무로에서 사람을 만날 때 뉴스타파 북카페에
서 지인들을 종종 만나는 이유다. 50살부터 노점상을 하고 있는 김
귀정의 어머니 김종분(1938년생) 여사에게 1991년 5월은 무엇이었을
까! 80대 중반 나이에도 시장에서 지금도 행상을 하는 것은 김귀정
의 친구들이 아직도 시장에 와서 어머니의 손을 잡아주기 때문이라
고 한다.

프랑스혁명과 겨루는 3.1코리아 혁명

서울 인사동에 있는 수운회관, 대각사, 승동 교회를 갔다. 이 세 곳이 3.1만세운동 성지다. 33인은 천도교 15명, 불교 2명, 기독교 16명 이다. 당시 3.1 만세운동을 통 크게 기획한 사람은 승동 교회 전도사 여운형이었고 치밀하게 준비한 YMCA 청년들이 핵심적인 활동을 하였다. 33인 대표를 맡으며 동학을 조직적으로 만세운동에 동참시킨 손병희, 김구 등을 지원하며 임시정부의 자금을 감당하고 한용운을 키운 대각사 주지로 독립선언문을 낭송한 백용성, 기독교 대표를 맡고 결기를 보인 이승훈이 있음이 감사하다.

손병희, 백용성, 이승훈은 만세운동을 성공시키는데 결정적 힘이 되는 조직과 자금을 갖고 있던 부자였다. 그들의 준비된 실력과 조직 장악력 자금 동원력이 유독 고마울 뿐이다. 청년, 선비, 기생들 까지 전국 방방곡곡에서 용기 내며 이룩한 이 운동은 중국의 5.4 운동을 촉발 시켰고 전 세계의 대한 조선 독립의 정당성을 알렸고 우리 모두에게 자신감과 용기를 가득 준 민주혁명이었다. 지금 성향이 다르다고 갈라서 있는 우리에게, 거대한 불경기에 맥없이 무너져 가는 심리적 위축감 앞에 백 년을 기억시키는 대한의 혼인 만세운동이 대한반도 으랏찻차로 다가오고 있다. 1864년생 친구인 불교 백용성과 기독교 이승훈 그리고 1861년생 친구 같은 동지 천도교 손병희는 종교의 다름을 넘는 우정이 있었다. 33인 중 대표를 누구로 하느냐를 놓고 손병희를 세우고자 하는 천도교와 이승훈을 세워야 한다는 기독교가 대립할 때 대표는 더 큰 형량을 받고 고문으로 먼저 죽는 자라고 하며 손병희에게 '형이 먼저 죽으세요!' 라고 말한 이승훈의 말로 모든 것이 정리가 되었다.

유래를 아니 끄덕끄덕

"천 냥을 주는 남자라면 잠자리를 하겠습니다."

명나라 연경(북경) 유곽에 있던 어린 여인의 말에 포주들은 한바탕 웃는다. "너 참 통크다! 그리하라" 여자는 잔일을 통해서 돈을 모으길 원했기에 남자들 유혹을 물리칠 방도로 화대 가격을 높였다.

원래 이 교회는 지금 명동에 있는 롯데 호텔 자리인 곤당 골에 있었고 그래서 원래 이름이 곤당골 교회였다. 임진년 16C 동아시아전쟁을 마치고 큰 공을 세운 통역관인 홍순호가 왕에게서 99칸의 집터를 선물 받았고 집 담이 예뻐 고운 담 골로 불려졌다. 조선에는 사역부가 있어 6개 외국어를 훈련시켰는데 중국어, 몽골어, 만주어, 위그르어, 유구어 일본어를 배웠다. 여기서 가장 우수했던 홍순언은 역관으로 우선 선발되었다.

이천 냥의 돈을 상인들에게 받아 물선을 사와야 하고 인삼을 중국 관리에게 주어야 하는 임무가 있던 그는 오랜 외로움으로 여인을 품고 싶어 북경 홍등가를 찾는다. 포주들이 "절세가인이 많아요, 얼마나 예쁘면 하루 화대가 천 냥인 여자도 있어요" 라고 하자 홍순언은 호기심으로 "그 아이를 보고 결정하겠소" 라고 말한다.

> 1892년 맥코믹 신학교를 졸업한 무어란 선교사가 한국을 오는데 그는 6개월 만에 조선어로 설교했고, 민가에 살며 전도를 했고 기생 백정 등 신분계층이 낮은 사람들에 대한 애정이 유독 있었다. 언더우드가 첫 조직교회인 새문안교회를 세웠고 무어는 두 번째 조직교회로 곤당골 교회를 세운다. 나중에 이 교회는 인사동 지금 위치로 옮기는데 이때 교인이 108명이었고 30명이 백정이었다.

천 냥 아가씨인 류 씨는 홍순언을 보고 울었다. "제가 천 냥을 부른 것은 남자랑 잠자리를 갖지 않기 위해 높여서 불렀는데 이리 절 찾으면 어쩌시나요? 저랑 혼인하지 않으실 것이고 전 선비랑 잠을 자고 나면 저는 이 세상에서 사라질 수밖에 없어요"

홍순언은 류 씨가 아버지가 모함으로 횡령죄로 옥사하였고 어머니는 충격으로 죽게 되어 장례비를 준비한다는 이야기를 듣고 돈 이천 냥과 인삼을 주었다. 홍순언은 육체관계를 하지 않고 류 씨와 의남매를 맺었다. 조선에 돌아온 홍순언은 돈을 횡령한 죄로 감옥에 갔다.

그런데 조선 왕조는 이백 년 큰 숙제가 있었다. 이성계의 부친 이름이 이자춘인데 중국은 이인임으로 표기하고 이것을 고쳐주지 않았다. 선조 왕은 역관들에게 강조하며 명(明)을 설득하게 했다. 역관들은 이 일을 할 사람은 홍순언이라 청하며 홍순언의 석방을 요구했고 풀려난 그는 명나라 외무 차관인 석성을 만나서 간청하는데 예상외로 금방 해결되었고 특별히 큰 환영회까지 받게 된다.

외남매를 맺은 류 씨는 서성이 부인 간병을 하다 부인이 죽자 석성은 이 아이의 헌신을 보고 신뢰해, 후에 청혼하고 부부가 되었다. 과거 인연을 석성에게 말한 것이다. 그녀는 홍순언에게 비단 백 필을 선물로 준다. 임진왜란이 일어났다. 하루 만에 부산이 점령되고 20일 만에 한양이 점령되어 평양으로 도망간 선조를 놓고 명나라는 조선과 일본이 명나라를 공격한다는 핑계로 파병을 미루며 파병 조건을 높였다.

이때 홍순언은 명나라 국방부 장관이 된 석성에게 간청했고 석성은 황제를 설득해서 명나라 군사가 조선에 빨리 참여를 시키는데 기여했다. 이 공로로 홍순언은 당릉군이란 왕족호칭을 받고 또 롯데호텔 자리에 99칸 집터를 하사받게 되었다.

전쟁 이후 명나라가 더 기울게 되자 내부에서 명나라 약함의 이유를 조선 파병을 서두른 석성 장군을 투옥시킨다. 석성은 비극을 예측하고 아내와 자식을 조선에 망명시켰고 조선은 그들을 귀히 대했고 석성이 석씨의 시조가 된다.

이 글에 마음저림이 온다.

가까이 산이 있어 요즘 산에 오르면 중간쯤 장맛비를 만난다. 비 피해로 걱정하는 때이지만 나는 산에서 비를 만나면 당황하기보단 일체감으로 몸이 반응한다. 장맛비는 요세프 하이든의 교향곡을 듣는 것 같다. 흙에 떨어지는 소리, 나무에 떨어지는 소리, 낙엽에 떨어지는 소리, 계곡에 떨어지는 소리가 달라 심포니 같다. 장마는 이례적으로 한글이다. 불편한 자연과 하늘에 대한 원망이 아니라 조선인들의 이례적인 생각이 담긴 언어에 배움이 있지 않을까? 장마는 당마ㅎ인데 침례처럼 깊게 잠긴다는 당과 물이란 뜻인 마ㅎ이다.

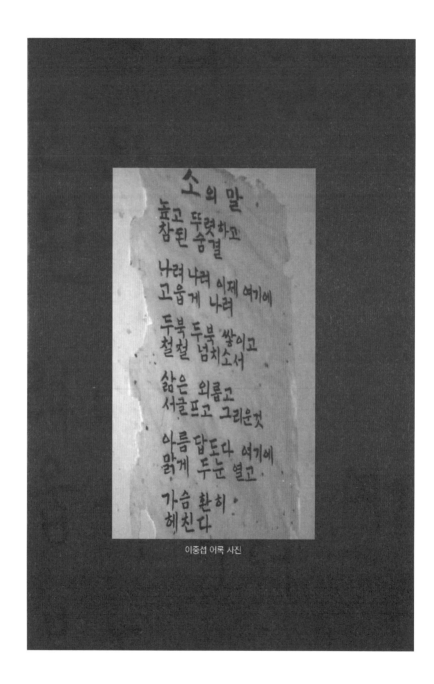

이중섭 어록 사진

삶은 외롭고 서글프고 그리운 것이라니까
이중섭

1956년 9월 6일 병실에서 41살 남자가 운명한다. 〈삶은 외롭고 서글프고 그리운 것〉 이란 말을 남기고 쓸쓸하게 가족도 지인도 없이 이중섭(1916~1956) 그의 병명은 신경성 식욕부진이란 거식증과 정신 분열이란 조현병이다. 도시화는 필연적이지만 한국의 도시화 일부는 생태계를 고려되지 않았다. 장마를 수용하고 이용한 것이 아니라 장마를 거부하고 단절하는 것을 선택했다. 물길을 막고 억압하여 물길이 화가 나고 흙들이 배가 고품으로 저항하게 하였다. 장마는 피해가 아닌 생태계의 균형을 주는 조물주의 지속적인 운동이고 후천적 AS다. 부자만 먹고 사는 것이 아니라 가난한 사람도 먹고 살아야 하는 것처럼 땅 표면만이 아닌 깊은 땅까지 생명이 살도록 하는 적극적인 창조 행위이다.

신경성식욕부진에 걸리면 영양부족, 피부건조, 추위타기, 골다공증, 빈혈, 근육무력증, 면역 부조화, 심혈기관 이상, 탈수증이 온다. 박광균 교수는 우리가 지금 먹는 채소의 영양분은 원시 상태의 자연에서 나는 채소영양분의 반도 안 된다고 한다. 나는 자연이 거식증으로 인해서 오는 생태계의 파국 그리고 코19도 이런 것에서 오는 것이기에 백신이 나오는 것과 함께 자연이 거식증이 된 것을 막는 것이 복음이 아닐까?

도시는 우리에게 비교를 심어주고 성공이란 야망을 깃게 하고 경쟁을 지나치게 미화시켰다. 정치적 견해차는 과잉되고 집요하다. 배려와 포용성은 한없이 적어졌다. 그런데 분열과 결핍을 순수와 정의감으로 알고 있다. 이런 것이 망상이고 환청이고 혼란된 사고인 현대 정신분열증인 것이다. 경전으로 돌아가는 것, 진리로 돌아가는 것이 무엇일까? 이것은 단순하게 최초 원인을 놓고 머리를 쥐어짜거나 절망하거나 화풀이를 하는 것이 아닌 본질을 성찰하는 것이다. 젊은 어부들이 게네시렛 호수에서 고기를 잡는네 잘 잡히시 않은 날 그물을 정리하고 기분 안 좋게 하선하는 이들을 본 예수는 "깊은 데로 가서 그물을 내려 고기를 잡으라" 고 한다.

상식적으로 게네사렛 호수는 얕은데 물고기들이 있었다. 또한 예수는 목수이지 어부가 아니었다. 분야가 달랐다. 어떤 분은 예수가 초인의 눈을 지녀서 이런 기적이 나온 것으로 보겠지만 나는 평범하고 상식적인 수로 가능한 예수를 이해하고 상식적인 행동으로 기적 즉 문제해결이 될 수 있다고 본다. 예수는 조금 멀리서 보았기에 물고기들의 흐름을 보았다. 얕은데 물고기가 있지만 그 물고기들이 깊은 데로 이동할 수도 있었다. 그것을 본 것이다.

이중섭의 소의 말이란 시가 좋다. 그 시처럼 소 그림의 가격을 논하는 그런 것 아닌 소의 생명을 이야기하는 친구가 마지막 자리에는 없지만 우리는 그의 친구로 있을 수는 있지 않을까! 그의 그림이 주는 감동과 함께 먼저 아파하며, 그리워 한 것에 대해 그에게 우리는 빚을 진 것이다. 불행한 현대사의 굴곡 속에서도 조선의 영혼을 그린 작가 변월룡은 소련의 고려인으로 당당히 살며 소련 한국인 최초 미술학 박사를 취득하고 소련 레핀 미술대학학장을 했다. 그는 평양 미술대학 학장을 역임하며 북한 미술교육의 기초를 잡는 공헌을 한 고려인 예술인이었다. 그가 남긴 어록이 머리 속에 남는다.

"선진국에서 좋은 재료는 빌려 올지라도
그림에서 민족혼은 잃지 말아야 한다."

변월룡 그림 | 미술자료에서 인용

장충단의 영혼

숨겨진 장충단을 찾다

리움 춤 연구원 이사장인 김수현 선생이 연락을 주셨다. 장충단에 대한 작품을 구상하는데 장충단에 대한 설명을 부탁하셨다. 나는 장충초등학교를 졸업했다. 개인적인 경험을 보편화시키고 객관적으로 탐구하면 역사이기에 장충초등학교에 대한 탐구를 남긴다.

김영삼 대통령은 1996년 국민학교를 초등학교로 개명한다. 황국신민을 줄인 말이 국민이었기에 잘한 일이다. 갑오개혁 이후 조선은 아시아 대부분 국가처럼 소학교라는 서구식 근대 교육을 하였다. 1895~1905년 일본은 조선인이 다니는 소학교를 보통학교로 개명시켰다. 1906~1937년 일본인이 다닌 소학교는 심상소학교로 이원화를 했다. 심상(尋常)이란 뜻이 보통이란 말이다. 그러다 1938년부터는 보통학교를 통합하여 심상소학교로 개명했다(1938~1940).

이후 일제는 1941년부터는 황국신민을 강조하며 국민학교라고 바꾼다. 해방 이후에도 국민학교란 이름으로 1995년까지 사용했다. 그러다 1996년 초등학교로 바르게 개명된 것이다.

내가 졸업한 장충초등학교는 1895년 필동에 '남학당 남학소학교'로 시작되었다. 1906년 인현동으로 옮겼고 1934년 신당동으로 갔다가 그곳은 1938년 광희초등학교로 남고 신당동으로 옮긴 교사는 장충초등학교가 되었다. 신기한 것은 내가 나온 장충초등학교와 숭문고등학교의 발원지도 다 필동이라는 사실이고 지금 살고 있는 곳이 필동이다.

남학 소학교 위치는 지금 필동 예술통 거리다. 장충초등학교의 제일 유명한 졸업생이 박근혜 대통령이다. 신당동 주택에 살던 그는 1958년 입학하였고 4학년 때 아버지가 61년 5.16쿠데타를 할 때 그는 4학년으로 장충동에 있는 최고재건회의 의장 관저에 살았고 군인으로 돌아간다는 약속을 어기고 1963 대통령이 되었기에 박근혜는 6학년을 청와대에서 다니다 64년 졸업했다. 그가 6학년일 때 나는 1학년이었다. 박근혜 대통령 학창 시절 학적부가 공개되었는데 고학년 때는 생활기록부는 이러했다. 초등학교 고학년 때는 〈온순하며 침착하다〉 〈성실하고 겸손하며 말이 부드럽고 친절하다〉였다. 중학교 때는 〈언어와 행동이 단정하고 친절하며 타인의 신뢰를 받음〉 〈스스로 정당한 일을 할 줄 아는 용기를 지녔음〉였고, 고등학교 때는 〈근면·성실하고 책임감이 강하며 반장의 임무를 잘 수행했음〉였다. 이렇게 칭찬 위주의 담임교사 평이었는데 초등학교 1~3학년 담임교사의 평은 〈자존심이 강한 어린이다〉 〈특정한 아동들과만 노는 습관이 있다〉〈지나친 신중성 때문에 과묵한 편이다〉〈약간 냉정한 감이 흐르는 편이다〉였다. 공인이었고 공개된 자료이기에 옮겼다.

초등학교 내 본 모습을 생각했다. 성격은 조용했는데 학교 가기를 싫어했다. 혼자 상상하는 것을 좋아했고 존경하는 선생님이 있으면 감동하고 그 영향을 받아 집중했다. 선한 일을 하는 사람을 좋아했고 누구에겐가 무엇을 주는 것을 좋아했다. 곰곰이 나의 초등 시절을 생각하니 고쳐진 것도 많지만 역시 내 흔적은 그렇다. 3학년 시절 자세가 바르고 말을 잘하는 짝꿍에 대한 관심이 높아져 그 친구에게 강냉이를 주고 싶었다. 그때는 강냉이가 유일한 과자였다. 가방에 가득 담아 학교로 갔는데 마침 담임이 결근을 하셔서 다른 분이 오셔서 책을 펼치라고 했고 책을 안 갖고 왔다고 말씀드렸는데 선생님은 모른척 하시지 않고 짓궂게 가방을 책상에 올려놓으라고 하시고 망신을 주셨다. 4학년부터는 과외 가는 시간 만화방으로 갔고 학교 수업도 빠지며 영화를 봤다.

장충단과는 이런 인연이 있지만 중요한 인연은 2021년 여름 나는 장충동에 있는 경로당 두 군데서 일을 했다. 이때 나는 장충동에서 태어나시고 지금까지 살고 계신 팔십 대 어른 분들을 뵙고 이분들의 이야기를 귀 담아 듣고 나중에는 이분들과 인간관계를 갖고 장충동 골목과 집들 이렇게 저렇게 얽힌 에피소드를 들을 수 있었다.

초대

혜화동에서 종로5가까지 도로를 대학로라 부르고 종로5가에서 앰배서더호텔, 장충체육관을 지나 동호대교 입구까지 도로를 '동호로' 라고 부른다. 서울 동쪽 한강이 크고 고요해 옛 어른들은 강이 아닌 호수로 생각하여 한강을 동호라 불렀다. 이 동호로 좌에는 태광산업 파라다이스가 있고 우에는 충무초등학교 앰배서더호텔이 있는데 동호로가 나기 전 식민지 시절에는 최초 최대의 유곽 시설 집성촌이 었던 곳이다.

태극당에서 채동신 선생(1938년생)을 만났다. 자료를 보여주시며 차 대접을 받았으니 두 시간 장충동 구석구석을 보여주신다고 하며 팔십 대 중반이시지만 자전거를 타시고 나는 빠른 걸음으로 뒤따랐다.

박정희 박근혜 집, 차지철 집을 비롯해 기업인들과 배우들의 집을 가르쳐주시며 "나는 이기지 못했어! 늘 (야당)했어" "어느 정당요?

민주당이셨나요?" "아니 당했다고!" 장충동 어느 건물 앞에 서서 말씀하신다. "이 건물 지을 때 내가 야방을 썼는데 사소한 실수가 있었어 이 집 어린 아들이 십여 명 어깨들을 데리고 와서 나를 야방 서게한 내 사수를 죽도록 폭행 하는 거야.. 정말 그 자리에서 죽고 싶더라구 지금도 심장이 떨려 내 눈앞에서 벌어진 그 장면 죽어도 못 잊을거야! 아버지 인품은 소박하고 훌륭하지만, 아들은 못된 놈이지.. 아프다고 병보석으로 풀려나왔다가 여기저기 돌아다닌 것이 들통 나고 TV에 나와 다시 감옥 간 T그룹 L회장인데 알아?"

조금 당황되었다. 나는 장충동 이야기를 기록하면서 장충동에 있는 기업 가운데 재계순위 36위인 T 그룹 창업자의 절약과 부채가 없는 기업경영을 소개하는 글을 쓰려고 했기 때문이다. 채 선생은 "창업자 회장은 좋은 분이지 소박하고 늘 어려운 지역주민들에게 도움주셨어" 다행이었다.

손흥민이 나온 학교가 동북고등학교(현 둔촌동)가 장충동에 있었다. 이 학교가 학교 부지를 T그룹에 팔고 서울 사옥으로 학교시설을 유지하며 사용하고 있다. 수요를 예측하는 경영으로 수익을 높이고 허영과 허세가 없는 근검절약의 생활화로 자금을 모아 차입이 없는 경영을 한 것이다. 내가 T그룹 설립자를 이야기하고자 한 것은 그를 부각시키려고 한 것이 아니라 이 시대 우리가 단기적인 어쩔 수 없는 절약과 절제를 해서는 안 되고 장기적이고 습관적인 절약과 절제를 해야 하는데 T그룹의 설립자의 지혜와 실천을 나부터 배우고 나누고 싶었기 때문이다.

장충단에 있는 3.1운동 기념탑에서 아픈 묵념을 이어갔다. 선조들의 항일의지에 망나니 같은 정치인들의 담을 수 없는 저주에 상처받으셨을 선조들에게 대신 용서를 올렸다. 자연은 깊은데 역사는 수치스럽다. 장충동 수정약국 안 골목에서 '장충단로 7길'(지명 쌍림동)인데 얼마 전 백반 기행에도 나온 서울곰탕, 장충칼국수 등 1층으로 이어진 이면도로 골목길이 나온다.

쌍림동 산책 라운딩을 추천한다. 조선의 평화스러운 모습으로 오백 년 이어진 이곳 쌍림동을 1904년 일본은 땅 2만3.140㎡(7.000평)를 사들여 신정 유곽(遊廓)촌을 만들었다. 일진회를 만든 송병준이 공창 사업파트너 역할을 했다. 식민지 시대 조선 경성인구가 40만이 조금 넘었는데 일본인이 12만 명이었다. 청계천에서 남산 쪽에 사는 사람들 80%가 일본인이었다. 조선은 식민지를 넘어 일본의 새로운 조국이었고 그래서 동양척식주식회사를 통해서 강제로 싸게 빼앗은 땅을 일본인들에게 주며 조선 특히 경성은 제2의 대륙에 있는 일본 수도였다.

일본 현지보다 많은 부를 모을 수 있고 성공이 담보된 조선에 일본 청년들을 엄청나게 몰렸고 장사한 곳이 명동이고 사업한 곳이 혼마치(충무로)였다. 이들이 타국에서 외로움을 달래려고 영화를 보았기에 충무로에 영화관이 생겼고 혼자 사니 애견을 키우니 충무로에 애견 가게들이 생겼다. 대표적인 일본 자본주의라 할 수 있는 매춘시설을 이들은 조선의 성지 장충단 옆에 세웠다. 쌍림동을 매입한 이후 그곳에 새마을이란 뜻인 신정(新町)이란 이름으로 유곽사업을 했다. 즉 군 성노예사업은 조신 총독부에 의해 역시적으로 의도적으로 치밀하고 무섭게 진행된 것이다. 1910년 통계를 보면 한국에 일본 여성 4,093명이 매춘 여성이었으니 당시 어떤 분위기인지 짐작할 수 있을 것이다. 매춘업 관련 세금이 세수 예산의 10%에 달했다.

6월6일 현충일은 모든 룸들도 영업을 안 한다. 그것은 국가에 대한 기본 예였다. 최초 국립 현충원 장충단은 이렇게 모욕을 당하고 시민들을 집을 빼앗기고 조선의 영혼은 짓밟히었다. 이때 유곽을 드나들던 일본 군인들이, 술을 마시며 조선인을 깔보며 하는 말이, 조선의 땅을 빼앗은 일본 정치인들이, 이런 일본의 못된 짓을 묵인하며 이익을 추구하는 자들이 늘 자신들을 정당화 하면서 조선을 빼앗을 것을 정당화 한 자들이 하는 말이 바로 망나니 정 모의원이 말한 조선이 망한 것은 일본 때문이 아니라 조선이 무능하고 부패했다는 말이다.

저런 간신배들이 많고 극우 다수는 왜 못난 망나니들인지... 역사의 심판을 받아야 한다. 나는 2022년 한여름 고생하며 3개월 매일 장충단을 중심으로 이 모욕당한 땅을 찾아 탐사하였다. 조선 바다에 욱일기가 들어오고 이것을 비판하는 조선의 결기를 이렇게 막말하는 망나니들의 이야기를 들으니 한없이 부끄럽다.

신사동에 광림교회란 대형 교회가 있다.

광림교회의 시작이 중구 광희동과 쌍림동 경계에 있었기에 동 이름을 하나씩 넣어 광림교회가 되었다. 광희동은 광희문이 있어서 생긴 것이고 쌍림동은 도둑을 경비하는 이문(里門)이 겹쳐있어 '쌍 이문동'이라고 불렸는데 빨리 발음하면 쌍림이 되어 쌍림동이 된 것이다. 왜 최초의 유곽(遊廓)이 쌍림동 묵정동일까? 도요토미는 일본국가가 관리하는 최초의 공창을 오사카에 설치했다. 이 공창의 역사를 이어받은 총독부는 쌍림동 일대를 강제로 내입하여 총독부 관리하에 공창인 유곽 시설을 만들었다. 쌍림동을 매입한 이후 그곳에 새마을이란 뜻인 신정(新町)이란 이름으로 유곽 사업을 했다. 즉
군 성 노예 사업은 조선 총독부에 의해 역사적으로 의도적으로 치밀하고 무섭게 진행된 것이다. 업무지원을 하러 가다가 동국대학교 교정으로 지났다. 절터까지 빼앗은 일본은 유곽을 만들었다. 학교 내 학림이란 쉼터에 앉아 묵상했다. 이 쉼터에는 단원 고등학교 학생들에게 "걱정하지마, 너희부터 나가고 선생님 나갈게" 말하고 수장되신 최혜정 단원 고 2학년 9반 담임

샘의 묘비가 있다. 2013년 2월 동국대 역사교육과를 수석으로 졸업했다는 문구가 마음을 더 애잔하게 한다.

일본 청년들의 꿈은 조선에서 일하며 돈을 버는 것이었다. 1903년 조선에 온 일본 청년들이 사천 명 정도였는데 1910년에는 오만 명이 이른다. 군인, 인쇄, 자영업, 부역에 종사했던 이들은 혈기 넘치는 총각들이었다. 일 헌병사령부가 가까운 곳에 있기에 치안과 관리가 되는 곳에 일본 청년들을 보호하기 쌍림동 일대에 유곽을 세운 것이다. 그리고 총독부는 여기를 통해 얻어지는 수입도 컸고 정보도 얻을 수 있기에 직접 관리한 것이다. 무엇보다 장충단을 유흥화 시키는 것은 조선인의 애국심을 둔화시키고 일본이 지향하는 제국 자본주의로 우리 조선인들을 세뇌시킬 수 있었기 장충단으로 정한 것이다. 이 유곽영업은 잘되어 쌍림동을 넘어 필동 장충동 신당동까지 커갔고 또 이상 주택이란 문화 주택단지로 개발되어 지금의 부동산 시장 열기를 만들었다. 그 시설 이 유곽을 관리하는 사람이 삼백 명, 일하던 여성들이 칠백 명이나 되었으니 그 규모가 얼마나 컸는지 알 수가 있다. 어느 통계를 보면 1910년 조선에 들어 들어온 일본 여성이 8,157명이었는데 그 여성들 가운데 매춘 종사자가 4,093명이었다고 한다.

회사원이란 말이 이 시절 나왔다. 대기업, 공무원이 되는 것이 꿈이 되는 것처럼, 그리고 현모양처란 말이 대중화 된 것두 이 시절이었다. 이 말은 전쟁 사업에 동원된 남자들이 없을 때 돌봄 노동을 통해서 동원된 사람이 더 일을 하고 새로운 전쟁 용사를 키우기 위해서 일본이 만들어 낸 군국주의 문화인 것이다. 필동 옆에 묵정동(쌍림동 건너 앰배서더호텔 뒤편 제일병원자리)이란 동네가 있다. 신정이란 이름을 해방 후 바꾸기 위해 우물이 깊이 물이 검징 색으로 보였나는 묵성이란 우물이 있었다. 동국대학교 자취생들과 중앙 아시아인들이 많이 살고 있다. 이곳에 신광교회가 있다. 해방 이후 신정이란 이 어둠의 동네에 새로운 빛이 된다는 뜻으로 1946년 세워졌는데 지인 세 분이 이곳에서 목회를 해서 情이 가는 교회이기도 하다. 염상섭의 소설 무화과에도 이 동네가 나온다. 근현대사를 알면 가슴이 아파 잠이 안 온다. 그래서 술을 마시나 보다. 술이라도 마셔야 잠이 오니까

수표교

사물놀이는 물소리다. 물의 글은 ㅁ과 ㅜ와 ㄹ이다. 구름(ㅁ)이 비가(ㅜ) 되어 땅에 내려오면 ㄹ 모양으로 흘러 실천에서 강까지 흐른다

는 뜻이다. 나의 한글 한 음절 상상력은 은근히 과학적이다. 수표교에서 남소문동천을 바라본다. 개천을 청소하는 분들의 노동이 찐하다. 하천은 덮어서 도로를 만드는 것이 아니라 노출되어야 한다.

노출이 되어야 살균이 되고 공기가 맑아지고 비가 온다. 코로나가 예방된다. 명나라의 침체와 청나라의 부흥으로 조선은 위축된 상태였다. 조선은 강대국의 수단에 불과하다는 자조가 조선인의 마음을 덮을 때 선조들은 겸재 정선의 진경산수화를 보며 힘을 얻었다.

조선은 역사의 불쏘시개가 아니라 아시아 역사의 중심이고 능동적인 기상의 나라, 주체적인 국가란 생각이 담긴 것이 겸재의 그림들이다. 조선 국토가 작아도 중국에 밀리지 않는 아름다움 풍경을 담은 최고의 생태계인 것을 표현한 것이다. 겸재의 장안연우 그림은 남산이 이렇게 웅장하고 비 오는 날 안개 풍경이 장관이다. 배호가 부른 '안개 낀 장충단공원은 감상적 제목이 아니라 일기상태였다. 남산의 물이 곳곳에 흘렀고 특히 남소문에서 시작되어 장충단을 지나 광희문 청계천으로 흐르는 남소영 동천은 늘 물안개가 있었고 광복군의 아들이었던 배호는 무명용사들의 장충단을 더 의미 있게 노래한 것이다. 겸제의 그림처럼 남산은 멋지고 신비한 곳이었다.

사람들이 남산에 집을 짓지는 못했지만 남산을 바라보고 집을 지었다. 법(法)이란 말은 실천에서 강까지 물이 흘러가는 것을 막으면 안 된다는 것이고 그것을 어기는 것을 불법이라고 하였다. 겸재의 한 강을 보면 이렇게 아름다울 수 있을까! 여기에 어찌 나라를 세우지 않겠는가! 라는 탄성이 나온다.

이 한강의 아름다운 태초의 생태 곡선을 군부 정부는 곡선을 깨고 허물어서 일직선으로 만들어 회복을 불가능하게 하였다. 이들은 신이 만든 자연을 능욕하고 곡선에 담긴 살균과 미학을 선택한 선조들의 지혜를 총칼로 뒤엎었다. 그 인간들에 대하여 욕이 나오는 이유다.

개천들은 빛을 보며 살균되어 흐리고 지하수는 생태계의 안전지대인데 개천을 덮어 도로를 만들어 이제 서울은 물안개가 없다. 생수를 먹는다고 구멍을 내고 건축물들이 난잡하게 들어서니 지하수는 오염 되며 없어진다. 빠른 속도의 큰 건물이란 과징된 도시, 일그러진 도시를 만들어 놓고 반성하는 것이 아니라 기적 한강의 기적이라고 말한다. 산을 도려내고 물을 막고 덮으며 찬란한 욕망에 돌격하게 만든 세상은 소비할 능력이 없는 사람은 잉여인간으로 취급한다. 이 시대를 사는 우리들 마음은 아프고 형편은 참 고달프다.

오늘 비가 왔으면 했다. 장충단을 중심으로 성곽을 걷는데 비오면 많은 것을 느낄 수 있을 것 같았다. 비는 안 왔지만 그래도 느낌 있는 5시간이었다. 장미가 예쁜 필동으로 해서 남산 둘레 길을 걷다가 한양도성 순성(巡城)길 남산구간과 흥인문구간을 걸었다. 남산 둘레길이 17.5km 이고 한양 성곽길이 18.6km 인데 안경처럼 두 개의 원이 겹쳐진 모양이다. 내사산 중에 가장 장엄한 느낌을 주는 산은 남산이다. 남산 수종 가운데 37%가 아카시 나무라는 것이 실감날만큼 아카시 나무가 정말 많았다. 서울 지도를 놓고 가장 가운데를 찍으면 남산 아래 장충단이다. 나는 오늘 장충단을 중심으로 실제는 친일 정서이면서 반공을 국시로 하며 역사 왜곡을 일삼은 인물들과 그 현장을 핸폰에 담고 싶었다. 또한 서울의 역사를 회복하는 현장을 발로 찾아가 그 모습을 사진에 담고 싶었다. 왜냐면 한양도성은 세계의 도시 성곽들 가운데 514년이란 가장 긴 역사적 명소이기 때문이다. 그래서 한양도성은 코리아만이 아니라 인류 문화자산으로 보존되어야 한다. 성곽 안내문을 보면 도성을 지키고 조선의 위엄을 펼치기 위해서 성곽을 만들었다고 적혀있다.

조선의 건국 정신을 깊이 안다면 이런 설명은 너무 뻔하다. 한양 성곽의 목적은 서울의 모습이 무분별한 확장을 막고 섬세하게 시민들을 살펴 국민을 평안하게 하려는 것이었고 서울을 모판으로 해서 조선 반도가 지역단위로 서울처럼 하자는 일종의 기준이고 책임 정치였다. 성곽은 사대문과 사소문을 연결하며 이어졌는데 내가 오늘 걸은 구간 중에 광희문에서 장충체육관까지는 성곽이 다 파괴되었다. 성곽 터에 식민지 시절부터 친일 세도가들이 성곽 위에 그냥 집을 지었기에 집터 아래 묻혀있고 혹은 담벼락으로 사용하였다.

문화유산을 다 복원할 수는 없지만 역사적 사실을 알고 있어야 하지 않을까 하는 생각을 이렇게 나눈다. 조선시대 남산은 한양과 궁궐을 지키는 병영이 있었는데 명성황후 시해 후 고종이 명성황후를 죽음으로 지킨 홍계훈, 이경직을 비롯한 군인들과 궁녀를 추모하기 위해 21만 평 위에 최초의 국립 현충원인 장충단을 만들었다. 일제는 신전이나 부속물을 이곳 곳곳에 만들었고 육탄 10용사 동상을 만들고 전쟁 분위기를 고취시켰으며 '이등박문' 사망 이후에는 이등박문을 추모하는 사찰인 '박문사'를 장충단에 크게 짓는다. 장충단 제단은 사라지고 일본인들이 즐기는 유흥공원을 만들어 연못과 동물원을 만들었다. 더욱 조선의 영혼을 욕되게 현 태극당 뒤편에는 친일파들이 모여 큰 주택을 짓고 떵떵거리며 살았고 현 태극당과 장중체육관 건너편 자리에는 홍등가를 만들었다. 심지어 박문사란 절을 만드는데 나무와 기와 문들을 경복궁 창덕궁 궁전을 헐고 가져다가 지었다.

해방 이후 장충단은 원래 모습을 되찾을 수 있었지만 의식 없는 권력자들은 민간인에게 이 지역을 분양하고 박문사 자리에 신라호텔을 짓고 반얏트리 호텔(구 타워호텔) 반공센터 등을 짓고 장충단도 9만 평으로 줄여 일본식 연병장 같은 광장을 만드는 것으로 그쳤다. 박정희와 서울시장 김현옥은 건축가 김수근을 총애하여 그에게 많은 건축을 의뢰하고 김수근은 오너의 권력욕을 채우는 건축물을 만들었다. 북침을 지향하는 물결을 내세우는 모양의 반공 자유센터를 설계하고 그 옆 타워호텔은 17층으로 지어 남산 조망을 망치는데 그 이유가 16개 참전 국가와 한국을 더해 17층을 지었다는 한심한 스토리다.

그는 남영동 대공 분실 등을 설계해 민주 인사들이 고문을 당하고 간첩을 만드는데 고도의 심리적 공간을 만들었다. 잡혀 온 사람들이 공간에서 극한 공포를 느끼게 하였다. 결국 그는 워커힐호텔 육사 주한 미 대사관 치안본부 청사 3.1 고가도로 등 독재 정부의 공사를 독점하며 한국 건축가의 대부가 된다. 김수근은 남산으로 이어지는 성곽과 광희문으로 이어지는 성곽을 갈라서 해체했고 그 돌들을 옮겨 반공 자유센터의 기초 석과 외벽에 사용했으니 그의 역사에 대한 개념이 정립되지 않은 것에 아쉬움이 크다. 물론 건축에 공도 있을 것이다.

용인사람 이한응이 장충단에 있다

    고속 터미널에 있는 약속한 카페 장소를 지도 맵 까지 동원했지만 찾기가 어려웠다. 가게 문을 닫은 것으로 판단하고 약속 장소를 변경하였다. 장소를 찾으며 나는 잃어버린 것과 잊어버린 것의 차이를 생각했다. 형체가 없는 것은 잃어버린 것이고, 기억하지 못하는 것은 잊어버린 것이다. 잃어버린 것은 슬프지만 잊어버리는 것은 아픈 것이다. 내가 섹시한 인문학을 지향함은 잃어버린 것들을 잊어버리지 않게 하는 것이나.

    용인에서 지인을 만났다. 용인에 있는 '장욱진 고택'을 가기로 했다. 장욱진 화백과 박성환 화백은 나의 모교 미술 교사였다는 것과 또 고등학교 선배이기도 하신 아버지는 이 두 분에게 배우셨다는 이야기를 들었기에 이 두 분이 생존해 계신 분들은 아니지만 이분들은 나에게는 잊어버린 분들은 아니다.

    용인 출신 이한응 열사는 영국에서 주영 대리공사로 외교활동을 하다가 영국이 조선 외교권을 일본이 감당하는 것을 정당화하는 것에 대하여 온몸을 다해 반박하지만, 자신의 주장이 그들에게는 소시오패스로 간주되는 영국과 유럽 외교가에 대하여 자결로써 저항을 하였다.

같은 용인 출신 이병도는 일제가 원하는 사관에 한국 역사를 왜곡시키고 아직도 우리 잠재의식에 조선의 가치를 낮게 평가하는 역사의식을 갖게 하였다. 이병도는 한국 국사학계에 절대적인 존재였다. 이병도의 사위가 장욱진 화백이다. 학술원장을 한 사학자 이병도는 사위 장욱진을 예뻐하지 않았다. 딸 이순경을 고생시켰기 때문이다. 그래서 장욱진의 전시회에 이병도는 한 번도 가지 않았다. 이런 냉랭한 장인과 사위의 관계를 말하는 일화는 장욱진 화백이 지인에게 이런 말을 하였다.

"그쪽 집안사람들은 다 박사들이야! 사람은 나 하나 뿐이야!" 장욱진 화백과 이병도가 장인과 사위라는 이유로 장욱진을 친일적으로 봐서는 안 되는 이유다. 장욱진은 "산다는 것은 소모하는 것, 나는 죽는 날까지 그림을 위해 다 써버려야겠다. 남은 시간은 술로 휴식하면서." 그는 서울대 미대 교수를 하면서 제자들과 술을 즐겨 마셨고 그의 명륜동 집은 늘 선술집이었다. 그와 제자들은 구별이 없는 마음을 나누는 술친구였다. 이런 그의 삶은 서울대에서 무엇을 하는 것이 중요한 것이 아니라 자유를 선택하는 것이기에 서울대를 그만두고 사람이 없는 곳으로 이전을 하고 그곳이 개발되면 다시 더 먼 곳으로 이사를 하여 내려간 것이 용인이었다. 이 용인에서 몇 년이 그의 작품에 3분이 1이 작업이 되었으니 그가 남기고자 한 것은 업적도 생존도 아닌 자유와 술, 그리고 마음이었다.

그래서 그의 그림은 나무이고 가족이고 마음의 회귀였다. 사회적 거리두기, '집콕'이란 이 상황에서 장욱진 화백이 들려주는 소박하고 자연 지향과 작은 미학들, 마음의 웃음, 지인들과 나누는 술잔이 나에게 평화로 다가온다.

노벨문학상을 받은 스베틀라나의 〈전쟁은 여자의 얼굴을 하지 않았다〉라는 르포 소설을 읽으며 전쟁은 가진 자들이 일으키며 가난한 자들을 전사시키는 허무뿐 그 이상 아무겄도 아님을 확인한다. 늘 현충일은 불편하다. 용사들의 죽음은 소중하게 기억하지만 현충일을 이용하고 청년들을 세뇌시키고 가난한 자들이 더 고통을 당하고 강압에 의해 죽음의 이르는 것에 대하여 권력자들이 지어낸 전쟁 신화를 미화하는 것을 나는 부정한다.

1956년 현충일을 만들은 자유당은 무능으로 국군만 칠십만 명이 죽었고 양민 수십만을 전쟁 중에 살해했기에 그가 전범으로 처벌을 받아야지 그가 만들은 현충일을 기념하고 이승만에게 국민들을 더 희생되는 권력을 주며 그 정권을 정당화하는 것은 잘못이다. 남쪽만 백만이 넘는 사람들이 억울하게 죽고 때론 이유로 모르는 개죽음을 당한 것에 대한 자복과 참회가 진정한 현충일이 아닐까?

대통령은 국군통수권자인데 그 통수권을 미국의 일개 장군에게 넘겨주고 도망간 그였다. 그리고 지금까지 대한민국 국군은 자전권이 없다. 여전히 미국에 의해 종전선언은 이루어지지 않고 미군의 지휘를 받는 군대일 뿐이다. 미군의 이익을 위해서 우리는 싸우게 되어 있다. 징병제이기에 모든 사람들이 운명처럼 전쟁의 소모품이 될 수 있는 상황에서 현충일 기념사하고 그래야 하겠는가!

영화 〈플래툰〉을 보면 '현을 위한 아다지오' 음악과 함께 아래 대사가 나온다. "돌아보면 우린 적이 아닌 우리 자신과 싸웠다. 적은 바로 우리 안에 있다. 전쟁은 끝났지만 기억은 늘 나와 함께 할 것이다. 평생 동안 내 영혼을 사로잡을 것이다. 살아남은 자에게는 이 전쟁을 다시 상기하고 내가 배운 것을 남에게 알리며 우리의 남은 생을 바쳐 생명의 존귀함과 참 의미를 알아야 할 의무가 남아 있다."

나는 이한응 열사를 기억함으로 현충일을 가름한다.

이한열 열사와 이름이 비슷하니 그렇게 기억했으면 좋겠다. 식민지 시대 독립운동은 전국 단위가 아니라 지역단위로 의병과 독립운동이 이루어졌기에 용인에 살 때 박물관과 현장을 다니며 용인 독립운동사를 공부할 때가 있었다. 그때 이한응(1874년~1905년)열사를 공부할 수 있었다. 그는 영어에 능통하였고 의지가 강한 사람이라 대한제국의 주영 대리공사로 영국과 유럽에서의 조선 독립을 위한 외교전을 전개하였지만 결국 당시 세계 최강국 영국은 우리가 맺은 대한제국의 독립국임을 인정한 것을 뒤집고 일본과 조약을 맺으며 일본이 조선을 통치한다는 것을 인정하자 이한응은 조선이 얼마나 당당한 민족이고 국가인지를 보여주려고 위해서 외교관 이한응은 영국에서 자결 투쟁을 하였다.

반기문 총장보다 열 배 넘는 외교관이었다. 31살 청년 외교관의 이한응 열사의 투쟁을 기념하는 비가 장충단에 있다.

1905년 5월 그가 남긴 유서투쟁일 보자.(의역했음)

'슬프다! 대한의 주권이 없어졌다. 우리가 평등을 빼앗기니, 깊이 치욕스러울 뿐이다. 조선의 영혼, 조선의 피가 흐르네 나는 지금 도저히 견딜 수 없다. 우리 민족은 강대국에 이용될 뿐이다. 더 이상 구차하고 비굴하지 않을 것이다. 조선은 죽음을 두려워하지 않고 삶을 던지는 용기를 보여줄 것이다. 다 말했다' 이한응의 죽음에 당황한 유럽 외교계는 조선 외교관의 당당함에 놀랐고 조선의 국권을 일본이 갖도록 한 것에 대하여 성찰도 하였다. 그러나 주영 일본 공사와 영국외교부는 파장을 줄이기 위해서 이한응 열사가 정신병이 있어서 우울증으로 자살한 것으로 보도한다.

위의 유언 투쟁이 어찌 우울증인가?

나는 영국도 그렇고 미국도 그렇고 진정으로 참회해야 하고 우리에게 용서를 구해야 한다고 생각한다. 미국과 영국은 우리와 조약을 맺으며 조선의 독립국임일 인정했었다. 그 약속을 바로 뒤집고 두 나라는 일본의 손을 들어주고 조선을 죽였다. 지금도 미국과 영국은 일본이 중심이다. 강하기에 이용 가치가 더 커서 코리아를 뒷전에 두는 두 나라에 대하여 나는 우방 의식이 전혀 없다. 장충단 에피소드로 이 글을 마무리한다. 깡패란 말이 사람들이 사용하기 시작한 것은 자유당 때이다. 장충단에서 야당 집회가 열렸는데 경찰들이 시중 양아치들을 동원해서 양아치들에게 깡통을 주고 야당 인사가 연설할 때마다 깡통을 쳐서 연설을 방해하자 당시 식자들이 깡통을 친 패거리라고 해서 깡패란 말이 회자되었다. 종전선언이 되지 않고 작전권이 우리에게 있지 않고 남북의 주체적인 평화를 우리 스스로 결정하지 못하는 모든 외교적 수사는 깡통의 소리 그 이상도 이하도 아닐 뿐이다.

헤이그에 SG워너비가 가다

이승만 지시를 받은 중부경찰서장은 경찰 80명을 동원하여 1949년 6월 6일 아침 8시30분 반민특위를 기습하여 1948년 10월 23일부터 시작되어 7개월간 조사된 친일 인사에 대한 모든 자료를 불태우고 또 이를 저지한 반민특위 인사들을 강하게 구타한다. 해방 후 미군정의 반대로 친일 청산은 미루어졌고 미군정 기간 친일파들은 반공으로 신분을 세탁했고, 친일 자료들을 모두 없앴지만 그럼에도 불구하고 간신히 시작된 반민특위는 최선을 다해 1948년 10월부터 조사를 해서 688명을 체포하여 자료를 취합하고 있었다. 688명 가운데는 경찰이 37%였고 특히 이승만에게 총애를 받던 인물로 독립운동을 하던 애국인사를 치욕스럽게 고문했던 노덕술, 최연 등도 있었다. 이승만은 반민특위에 공산주의자들이 있다고 선동하며 대통령 스스로가 폭력적으로 반민특위를 강제 해산했다.

그러나 국민들이 매년 6월6일을 반민특위 피습을 기억하면 친일 청산을 요구하자 이승만은 6월6일을 현충일로 정해서 친일 청산의

즈를 막았다. 내가 현충일이 불편하고 불쾌한 것은 순국 군인과 애국 지사들에 대한 것이 아니라 6월6일 현충일이 이런 의도로 만들어졌다는 것 때문이다.

최초 국립 현충원인 장충단에 가서 묵념했다. 장충단에 있는 외교전을 선택하고 유서 투쟁을 한 이한응 열사기념비와 특히 헤이그 밀사 이준 열사의 동상 앞에서 기도했다. 이준 열사 동상을 바라보는데 열사의 눈앞에 신라호텔이 있다.

이준 열사의 눈이 불편해 보이셨다. 밤에 장충단에 다시 가서 이분들 뜻을 느끼며 이준 열사의 생각을 마음에 담고 왔다. 나라를 사랑하기에 한양도성을 피, 땀으로 쌓은 국민들의 석돌들이 파손된 장충단이 건너편 보이고 성곽 돌을 깔고 앉아 자기 집을 지은 재벌들의 집성촌 장충동을 보시는 이준 열사의 마음이 어떠하실까? 박정희는 이병철에게 국가시설인 영빈관 부지를 28억 5천만 원에 팔고 그 자리에 이병철은 73년부터 호텔을 짓기 시작해 79년에 신라호텔이 완성된다.

호텔을 설계한 회사가 호국 충정의 장충단의 영혼을 밟고 있던 박문사란 절을 설계 건설한 곳이다. 일본의 돈을 빌려 호텔은 완공되었다. 2011년4 월에 있었던 일본 자위대50주년 행사가 열리는 날

한복을 입은 방문자들이 출입이 금지되었던 곳이다. 어제 밤 이준 열사가 나에게 이야기 해주셨다. "나의 동지들을 가열차게 역주행 시켜주시라!, 헤이그에서 외교 투쟁으로 싸웠던 이위종을 기억시켜주시라!, 그를 기억하고 나누라!"

초대 주러 공사인 이범준의 아들인 이위종은 총명함이 뛰어났다. 7개의 언어를 들을 수 있었고 러시아어 프랑스어 영어를 자유롭게 구사했고, 사교력과 추진력이 뛰어났기에 공사지만 외국어가 되지 않는 이범준을 대신해서 이위종이 실제 공사의 역할을 하였다. 이미 그는 프랑스에서 군 사관학교 2년을 마쳤던 수제였다. 이상설 이준과 함께 이위종은 헤이그 밀사로 명을 받았고 외국어가 가능한 이위종이 실무를 다 관장하고 있었다.

1907년 헤이그에서는 44개구의 대표들이 모여 만국평화회의를 열고 군비축소 각 나라의 독립 등 여러 현안을 논의하는데 이 세 명은 여기에 참여하고 일본의 부당한 을사늑약과 조선의 독립을 주요 의제로 삼자고 주장하고자 했다. 그러나 영국과 일본의 방해 개최국 네덜란드 주최국 러시아의 기회주의적인 태도로 이들은 입장하지도 못했다. 2년 전 영국에서 자결한 청년 이한응 공사의 기상을 알기에 이들이 회의장에 입장하는 것을 강제로 막았다. 이런 상황에서도 최선을 다하는 청년 외교관을 윌리암 스테드란 대기자는 이위종과 인터뷰를 하고 기사를, 만국 평화회의보에 낸다.(의역했음)

기자 : 당신들은 왜 이 만국평화회의에 파문을 일으키고 소란을 피우죠?

이위종 : 우리는 아주 먼 나라에서 왔습니다. 우리가 이곳 이곳에 온 것은 만민의 법과 정의를 찾기 위해서입니다. 지금 각국 대표단들이 이곳에서 하는 일이 무엇인가요?

기자 : 이들은 세계의 평화와 정의를 구현하려는 조약을 맺기 위해서 모인 것이죠

이위종 : 조약이라구요? 그렇다면 소위 한국과 일본이 1905년 맺은 조약은 조약이 아닙니다. 그것은 한국 황제의 허가를 받지 않은 채 체결된 하나의 협약일 뿐입니다. 한국의 이 조약은 무효입니다.

기자 : 일본은 최강 강대국인데 잊으셨나요?

이위종 : 강대국이라 정의라면 정의는 겉치레에 불과할 뿐이며 당신들의 기독교 신앙은 위선일 뿐입니다. 왜 한국이 희생되어야 합니까? 일본이 힘이 있기 때문인가요? 이곳에서 정의와 법과 권리에 대해 말해봤자 무슨 소용이 있겠습니까? 차라리 솔직하게 총, 칼로 이긴 당신들의 나라가 유일한 법전이며 어떤 경우도 당신들의 나라는 강하기에 처벌받지 않는다고 말하지 그러십니까?

이 당찬 조선 청년들의 이야기가 언론에 나오면서 헤이그에 와있던 150명 기자들은 조선 청년들이 외교관들에게 관심을 갖고 기자회견을 마련해준다. 이때 이위종은 프랑스어로 유창하게 이들 기자 앞에서 이야기 했다.(의역했음)

"지금 일본 대표는 큰 목소리로 주장합니다. 조선에서 일본은 일본의 국익만을 추구하는 것이 아니라 인도적이고 보편적인 인권과 문명을 돕고 있으며 것이며, 조선에서의 개방정책을 유지하며 모든 나라들이 자유롭게 와 활동할 수있는 동등한 기회를 보장하는 질서를 감당하고 있습니다. 라고 말한다. 그러나 러일전쟁 이후 일본은 지금 조선이들을 원통하게 만들고 세계 각국이 조선에 대한 정의롭고 평등한 기회를 주는 것이 아닌 추하고 불의하고 비인도적이고 그야말로 일본의 욕심을 위해 야만적인 정책을 펼치고 있습니다.

이들은 조선의 외교권을 일본이 갖게 된 을사조약이 조선과 일본의 우호적 관계로 체결되었다고 하지만 거짓말입니다. 뒤통수를 치는 강도보다도 더 비열한 짓으로 조선의 외교권을 빼앗아 간 것입니다. 지금 한국인들은 아지 조직하 디지 않았지만 이제 무자비하고 비인도적인 일본의 침략이 종말을 고하기 위하여 하나가 되어가고 있습니다. 일본은 반일 정신으로 무장한 2천만 한국인들을 모두 죽여 없애도 조선의 독립을 막을 수 없습니다"

이 회견은 감동이었다.

놀라운 사실은 각나라 대표들은 조선 외교관을 입장시키지 않았지만 각 나라 기자들은 만장일치로 조선의 독립을 지원한다는 결의

문을 발표해 주고 기사화했다. 이 연설을 할 때 이위종의 한국 나이는 24살이었다. 일본은 궐석재판으로 이위종에게 종신형을 선고했지만 오히려 이위종은 미국에 가서 루즈벨트 대통령면담을 요구하며 조선의 독립을 주장하려 하지한 루즈벨트는 면담을 거절한다. 러시아로 다시 돌아온 이위종은 독립을 위한 무장 항일운동을 위해 러시아육군사관학교에 입학하였다. 한일합방이 되자 아버지는 1911년 고종황제에게 유서를 다음과 같이 보내고 권총으로 자살한다.

"고종황제각하 대한제국은 권리를 잃었고 나라는 죽었습니다. 소인은 자살 이외에는 다른 아무것도 할 수 없습니다. 소인은 오늘로 생을 마감합니다."

이위종은 아버지의 시신을 수습하고 혁명의 정신을 더 깊게 한다. 이위종은 민족주의 독립운동을 넘어서 인류애를 담는 운동 사회주의 운동에 깊게 들어간다. 레닌의 볼세비키당에 입당하여 러시아혁명을 주도하고 제국주의 세력과 전투를 벌이며 특히 러시아에 있는 조선인 가운데 칠천 명이 항일운동을 하는데 실제 대장 역할을 한다. 이 내용은 러시아에 있는 일본 세작들이 일본에 보낸 보고서에 나오는 내용이다. 20대 그의 항일운동은 조선 왕조의 복귀가 아니었다. 이위종은 조선 정부의 부패, 과도한 세금징 수, 정부의 비 목민적 행정으로 민중들의 고생이 많았다고 보았고 그런 정치를 '구 체제하

정부의 잔혹한 정치'라고 하였다. 그는 1919년 8월에 모스크바에서 미국자본주의 체제를 비판하고 사회주의를 적극 지지하는 발언을 하였다.

SG워너비의 노래가 좋았기에 역주행도 하고 감성도 주고 있다. 나는 헤이그에 갔던 세 명의 외교관 이 전사들의 진정성과 헌신 그리고 탁월한 국제 감각, 결국 진정한 외교는 주체적이어야 한다는 것과 외교 투쟁을 통해서 열강이 우리의 우방이 아니라는 것을 보여준 탁월한 콘텐츠가 있는 인물이고 이런 인물들이 조선 젊은이들의 주류였고 중심이었음을 확인한다.

안개 낀 장충단을 만들어야 한다

장충동에서만 사신 1938년생이신 채 선생을 오늘 뵈었다. 만나자마자 "장충동의 장은 장수 장(將)을 쓰지 않고 장수 將에 개 犬이 합쳐진 奬을 쓰는 것 알아? 왜냐면 이곳 장충동은 어영청이란 부대가 있었어 여기 장군들과 병사들이 장충동에 살았는데 왜놈들이 왜에 저항하는 조선군 장군들을 개처럼 불에 태워서 죽였지 그래서 奬이라고 한 것이야"

채 선생의 이야기를 조금 설명하면 한양 사람들은 남산이 군부대가 있는 곳이기에 집을 짓지 않았다. 대신 풍수적으로 좋은 남산을 바라보게 집을 지었다. 남산은 그들의 앞산이기에 앞산이란 뜻인 '마뫼'로 남산을 불렀다. 그리고 남산자락 아래인 장충동에는 군인 가족들이 많이 살았다. 그래서 이 동네 사람들은 가난했어도 애국심이 많았고 이들이 조선시대 한양 성곽을 쌓지 않았을까 하는 추론을 나는 해 본다.

채 선생은 "지금 이곳 기억의 공간이 옛날에는 수영장이 있었어... 여기서 이준 열사 동상까지가 제단이었지 음수대 바로 위 였어" 라고 위치를 설명해 주셨다.

나는 "왜 제단을 만들지 않았을까요?" 라고 묻자 "나도 불만이야 전에 복원하자는 이야기도 있었는데 둘둘치킨 하다 중구청장 된 정동일이가 공원으로만 마들었지" 라고 말하신다

길상사 주인은 박헌영이다, 두만강 '님'인 것은

20C를 여는 첫 해 교과서가 좋아하는 심훈과 위험한 인물 박헌영은 태어났다. 이들은 경기고등학교 동창생으로 만나 뜻을 같이 하며 중국 유학을 다녀 온 열정을 나눈 동지이며 벗이다.

계몽주의 소설이나 쓴 심훈으로 생각할 수 있지만 36년 짧은 그의 삶은 치열한 투쟁이었다. 심훈이 오래 살았으면 교과서에 나올 수 없다 인물이었을 것이란 말이 있다. 김정구가 부른 국민가요 '눈물 젖은 두만강' 가사 그리운 내 님은 박헌영이다. 1927년 조선공산당 사건으로 구속된 박헌영은 정신병행세를 하며 풀려난 뒤 주세죽과 함께 일본의 감시 체제를 뚫고 두만강 하구와 블라디보스토크를 거쳐 모스크바로 탈출했다.

박승직 광장시장을 만들다

민족주의자 박승직(두산그룹 창업주)은 박헌영을 좋아했고 큰 후원자였다 박승직과 영화 감독인 김용환은 박헌영의 위 탈출에 깊이 간

여해 박승직이 자금을 지원하고 김용환이 연출을 하였다. 탈출이 성공한 이후 김용환은 그의 친동생 가수 김정구에게 이 노래를 부르게 하였는데 김용환이 탈출계획이 성공했다는 것을 박승직에게 전하는 암호였다. 박승직은 한 때 친일 명부에 올랐는데 오해에서 비롯되었다. 박승직은 사업가이지만 상상할 수 없는 독립자금을 만들어 지원했고 의심을 받지 않으려고 조선 총독부에는 작게 기부를 했다.

이 일로 박승직이 친일 명부에 기록된 것이다. 사업을 하면서 총독부에 형식상 기부를 했고 독립운동에 기부한 것은 어찌 기록에 남길 수 있는가?. 독립운동가들의 증언으로 박승직은 친일 명부에서 빠지게 되었다. 그런 의미로 친일 명부에 작성된 인물이 많이 있다.

계급혁명을 향한 독립운동도 안아야 한다

종교개혁과 동학이 농민 혁명으로 이어지듯 항일운동은 복고 왕정이 되는 것이 아니라 민주를 향한 계급혁명으로 생각하고 운동한 분도 있다. 나 이 부분 우리 민족은 넓게 수용했고 그렇게 외부 간섭이 없었다면 한국 북유럽에 버금가는 국가가 되었을 것으로 확신한다.

박헌영의 어머니는 이학규다. 이학규는 예산군 광산에서 식당과 여관을 했다. 그러다 금광광산 주인 조씨와 결혼해서 큰돈을 벌었다. 조봉희란 딸이 있었고 남편 조씨는 폐렴으로 죽었고 이학규는 광산을 직접 경영했다. 후에 미곡상을 하는 박현주를 만나 아들을 낳았는데 박헌영이다.

박헌영과 어머니가 같은 조봉희는 권번(기생이 있는 요리집)을 경영
한다. 돈이 많았던 어머니의 지원이 있을 것이다. 신학문을 공부했고
미모와 재능이 있던 조봉희는 어머니를 닮아 경영수완이 좋았다.

조봉희는 전북의 만석꾼 김병순과 결혼해 김제술과 김소산을 낳
았다. 조봉희는 김소산에게 외 삼촌인 박헌영이 대원각의 주인이라
고 하며 외삼촌에게 큰 힘이 되어야 한다고 하였다. 박헌영에게 대원
각은 네 것이니 여기서 기거하라고 하자 박헌영은 계급운동을 하는
자신이 이렇게 큰 집은 분수에 맞지 않고 탄압의 대상이 될 수 있다
고 말했다. 이런 모습을 본 이화여전 출신 김소산은 박헌영을 존경하
며 공산주의에 깊이 헌신한다. 그리고 인물이 밝혀지지 않은 큰 독지
가가 큰돈을 박헌영에게 주며 항일운동을 위해 쓰라고 한다(위의 글을
보면 누군지 추측할 수 있다). 박헌영은 이 돈을 김소산에게 주며 대원각
을 크게 건축하고 항일과 사회주의를 숨은 인맥의 뜰을 만든다.

대원각에는 김소산이 아끼는 새끼 마담이 있었다. 자야란 호를
가진 백석과 동거한 김영한이다. 그런데 1949년에 김소산 간첩 사건
이 터졌다. 영화도, 세상도 김소산을 기생 간첩이라고 했지만 이것은
역사를 흥미로 만든 이야기이고 김소산은 간첩이 아니라 사회주의를

늘 지향하는 운동가였다.

　김소산이 감옥에 갈 때, 자신이 나올 때까지 '새끼 기생' 자야에게 책임지고 관리를 부탁했다. 1950년 전쟁이 나고 복잡한 전쟁의 와중에 수복 후 김영한은 당시 국회부의장이던 이재학의 첩이 되어 이재학과 모의해 1955년에 이 큰 땅 대원각 등기를 김영한 앞으로 했다. 김영한은 박헌영 아들에게 대원각을 돌려주겠다고 여러번 이야기를 하며 안심을 시켰고 아들인 원경 스님은 대원각을 인수하면 지금 길상사처럼 부자들의 명상 터가 아닌 사회개혁의 깊은 뜻을 담은 교육기관을 세우려고 하였다.

　이런 아들의 구상을 위험하게 느껴서인지 1997년 김영한은 법정 스님에게 대원각에 넘기며 당시 천억 원이 넘는 재산이 백석의 시 한 줄 만 못하다는 묘한 칭송을 들었지만 박헌영 아들은 스님이기도 했고 분쟁하면 아버지 박헌영의 삶의 누가 될 것 같아서 법적 분쟁은 하지 않았다. 박헌영이 물질에 욕심이 있던 인물이 분명 아니지만 길상사는 박헌영 것이다. 지금 그렇게 할 수는 없지만 길상사가 지금보다 한 걸음 더 정진해 우리 사회의 변화를 주다면 박헌영의 것이 되는 것이 아닐까! 또 길상사 스토리가 김영한과 백석의 러브스토리로 회자되는 것을 넘어서서 근 현대사 치열한 항일 사상가 집안의 사업체이었고 항일 활동가들의 숨은 아지트였다는 것으로 스토리가 채워지길 소망한다.

풍운아 심훈

심훈은 3·1운동 가담 혐의로 투옥됐다 중국 유학길에 올랐다. 1923년 귀국하자마자 이념 성향이 강한 문예 조직 '염군사' '카프'에 가입했다. 심훈은 자신과 박현영은 '음습한 비바람이 스며드는 상해의 깊은 밤 어느 지하실에서 함께 주먹을 부르쥐던 사이'였다고 표현했다. 상해 망명 기간 중 사회주의에 접한 심훈은 국내로 돌아온 후 사회주의자 친구들과 활동한다. 우선 1924년 사회주의 성향의 인물인 박현영, 임원근, 허정숙 등과 함께 '동아일보사'에 입사한다. 동아일보에 입사한 후 심훈은 1926년 이른바 '철필구락부 사건'으로 해직당한다. 이 사건은 각 신문사 사회부 기자들을 중심으로 결성된 '철필 구락부'가 급료 인상 파업을 일으킨 사건이다. 심훈은 요즘 말로 말하면 해직 언론인이었다.

동아일보에서 해직된 심훈은 이듬해인 1927년 일본으로 건너가 교토에서 영화를 공부하였다. 영화를 배우는 동안 '춘희'라는 영화에 출연하기도 하였는데 비록 엑스트라였지만 심훈은 영화배우로 데뷔하게 된 것이다. 심훈은 이후 이때의 상황을 회상하는 글을 1933년 '경도의 일활촬영소'라는 제목으로 신동아에 기고하기도 하였다. 일본에서 귀국한 심훈은 나운규, 안종화, 김기진 등과 함께 '영화인회'를 만들어 간사로 활동하며 본격적인 영화인으로 살아갔다. 이때 만든 영화가 '먼동이 틀 때'였는데 심훈은 원작·각색·감독까지 도맡아 영화를 만들었고, 단성사에서 개봉하여 큰 성공을 거두었다. 이렇듯 심훈은 영화인이라는 또 다른 이력의 소유자인 것이다.

심훈이 친구 박헌영이 출소를 하고 그의 모습을 보고 쓴 시가 있다.

이게 자네의 얼굴인가?
여보게 박군, 이게 정말 자네의 얼굴인가?

알코올 병에 담가 논 죽은 사람의 얼굴처럼
마르다 못해 해면(海綿)같이 부풀어 오른 두 뺨
두개골이 드러나도록 바싹 말라버린 머리털
아아 이것이 과연 자네의 얼굴이던가

황소처럼 튼튼하던 한 사람의 박은 모진 매에
창자가 꿰어서 까마귀 밥이 되었거니.
이제 또 한 사람의 박은
음습한 비바람이 스며드는 상해의 깊은 밤
어느 지하실에서 함께 주먹을 부르쥐던 이 박군은
눈을 뜬 채 등골을 뽑히고 나서
산송장이 되어 옥문을 나섰구나.

박군아 아!

사랑하는 네 안해가 너의 잔해를 안았다
아직도 목숨이 붙어 있는 동지들이 네 손을 잡는다
이빨을 악물고 하늘을 저주하듯
모로 흘긴 저 눈동자
오! 나는 너의 표정을 읽을 수 있다

오냐 박군아
눈을 빼어서 갈고
이는 이를 뽑아서 갚아주마!

너와 같이 모든 X(한)을 잊을 때까지
우리들이 심장의 고동이 끊칠 때까지
심훈과 박헌영의 우정이 이렇게 찐했다.

3.1만세를 기념하며 쓴 심훈의 그날이 오면으로 글을 맺는다. 문학은 빈곤한 삶을 고발하는 것이고 경쟁이 아닌 우정이고 우리에게 주는 용기라고 말하고 싶다.

그 날이 오면 그 날이 오면은
삼각산이 일어나 더덩실 춤이라도 추고
한강물이 뒤집혀 용솟음칠 그 날이
이 목숨이 끊기기 전에 와 주기만 할량이면
나는 밤하늘에 날으는 까마귀와 같이
종로의 인경(보신각)을 머리로 들이받아 울리오리다.

두개골은 깨어져 산산조각이 나도

기뻐서 죽사오매 오히려 무슨 한(恨)이 남으오리까.

심훈은 방정환 현진건 영화감독 윤봉춘 나운규(羅雲奎)와 벗이었고 이범석 무정부주의 독립운동가 박열 윤극영 신채호와 이회영 등과도 깊게 교류했다. 1936년 9월 16일 아침 8시 36살 심훈은 우명했다. 여운형은 장례식에서 추도사를 읽으면서 심훈의 위 시를 낭송하였고, 관을 안으며 펑펑 울었다.

장충단 8코스

걷는 것은 '밭 갈기'다 홍보지를 억지로 돌리는 것 같은 것보다 숭고하다. 서둘러 부탁하는 것이 아니라 쉬지 않는 노동이다. 걸음이 구원은 아닌데 걷다보면 좋은 생각이 벗이 된다. 바다는 바람이 보이고 산은 바람을 듣게 한다. 나의 발맛으로 장충동8경을 정했다. 서울 중구를 보면 미 대륙과 닮았다. 모양새가 차우차우다. 중구의 법정동과 행정동이 미국의 초기 주와 현재의 주로 대칭됨이 재미있다. 중구에 있는 장충동은 서울의 딱 가운데 중심점이다. 조금 후 다시 이곳을 걷고 만나는 분들과 인터뷰도 하려고 한다. 누가 시킨 것도 아니고 의무가 있는 것은 아닌데 어떤 끌림은 분명 있다.

1경: 이병철하우스를 연다.
2경: 광희문의 비밀번호 떡볶이가 풀다.
3경: 장충체육관은 족발콜라겐으로 컸다.
4경: 남산 호캉스 청담동에 서다.
5경: 아제아제 바라아제

6경: 코리아로 온 실크로드

7경: 수표교를 걸으면 운명을 바꾼다.

8경: 돌 부자로 오라!

걷는다는 것은 늘 오랜 것만 따라가는 것은 아니다. 새로운 곳도 보고 낯선 곳도 재미있다.

장충동호텔 호캉스 청담동에 서다

장충동에 4개의 5성급 호텔이 있다. 이글은 장충동 8경 가운데 하나를 나누는 것이다. 세상에서 가장 아름다운 단어는 환대이다. 환대는 자존감을 주는 통로이기 때문이다. 환대는 영어로 〈Hospitality〉인데 호텔의 어원이다. 우리는 누구나 10개월 자존감이란 호텔에서 섬세한 환대를 받고 나왔다. 어머니는 최고의 Hospitality이다. 호텔이란 이처럼 좋은 말이다. 나그네를 어머니가 주신 사랑으로 접대한다는 뜻이다. 모텔 말이 묘하지만 모텔도 숙소를 넘어 멋진 말이다. 모토싸이클을 탄 사람들이 모여 캠핑을 한다는 뜻으로 쉼과 힘을 얻는 호텔이란 뜻이다.

내가 장충동 8경을 이야기하며 나눈 뜻을 생각하면 이번 글은 현재를 인정하고, 또 균형을 위해 장충동 호텔을 다루지만 이글을 쓰며 아쉬움이 있다.

남산은 조선인들에게 앞산이란 뜻의 '마뫼'로 불렸고 이것은 남산은 조선인의 공유재산이었다. 그래서 남산은 공원으로 개인에게 사고파는 것이 아닌 것이 조선이었는데 일 식민지부터 특히 박정희 대통령이 개인에게 분양하는 실수를 했다. 서울 남산을 바라보는 조망권은 공유재산이기에 남산을 다 가린 호텔의 층수도 문제이고 장충단이란 최초의 국립 현충원이기에 참 아쉽다. 하지만 이 글에서는 비판을 절제하고 그냥 소개하고자 한다.

  ① 파라다이스호텔
  동국대 역 1.2번 앞에 지어진다. 객실 180개 지하 5층 지상20층이다. 태극당까지 포함해 커피빈, 말베르크를 포함하여 길 건너 앰배서더 호텔 앞까지 지어진다. 32년간 영업한 '전원' 한정식도 헐렸다. 한국 제1의 카지노 재벌인 파라다이스그룹이 호텔 소유주다. 2018년 5월 건축허가를 받았다. 파라다이스가 근처를 다 인수하면서 카지노 등 관광 특화 호텔이 되겠고 나름 의미가 있는 운영도 하겠지만 오랜 전통의 가게들이 다 없어지는 것은 아쉬움이 남는다. 특히 장충단 이 지역은 한강과 가까워 구석기 시대부터 사람이 살았고 또 문화재 보고이기에 지하를 팔 때 문화재의 발견을 미리 예측해 주의와 감독이 필요하다. 가능한 호텔 측이 자발적으로 층수를 줄이는 결단을 했으면 한다. 그렇게 했을 때 혜택을 주면 좋겠다.

② 그랜드 앰배서더 호텔

　서울 최초의 민영호텔이다. 조선호텔, 반도호텔과 함께 역사가 깊다. 1954년 생겼고 미군과 미국과 연결된 사람들을 위한 호텔이었다. 24개의 호텔 체인으로 한국에서 가장 체인이 많은 호텔이다. 장충동에 오전에 업무지원을 갔다. 의종관 박물관을 보고 들어갔다. 의종관은 앰배서더 창업자 서현수 회장 자택이었고 1955년 금수장 호텔로 시작해서 앰버서더 호텔의 역사와 소품을 7테마로 구성한 전시관이다. 한국 최초 민영 호텔인 금수장 호텔 모습이 재미있고 그때의 정문 모양을 그대로 만들어 전시한 것도 좋다. 의종(義宗)이란 뿌리를 두텁게 한다는 뜻이다. 흔들리지만 뽑히지 않는 역사를 만드는 것이 리더가 아닐까? 어둠이 결코 빛보다 어둡지 않다는 '혼불' 최명희 작가의 어둠은 견뎌야 할 역사다. 처음 이름은 금수장이었는데 1965년 프랑스 호텔의 협력을 받으며 지금 이름을 썼다.

　대표적인 대사관이 되겠다는 뜻으로 앰배서더로 작명이 되었다. 뷔페 '더 킹스'가 유명하다. 호텔 최초의 라이브러리 뷔페였고 기독교적 배경이 있어서 목회자들이 많이 이용한다.

③ 신라호텔

　신라호텔을 지금 58.434㎡ 에 한옥호텔을 짓고 있다 지하 8층에 지상 3층인데 2,318억이 든다고 하는데 코로나로 호텔이 적자라서 현금 유동성으로 공사를 잠정 중단하였다. 2024년 완공된다고 하는데 4000㎡를 서울시에 기부 체납한다. 남산을 가린 지금의 생뚱맞은 현 호텔의 외관이 보기 그랬는데 한옥은 나름 한성 성곽과 조화를 이루고 정통 한옥으로 멋지게 건축한다고 하니 한편 기대된다. 장충단공원 경로당 마당에 한 달에 한 번 신라호텔에서 나와 인근 어른들에게 갈비탕을 대접하는데 오백 명 정도가 모인다는 미담도 이 곳 어른들에게 들었다.

④ 반얀트리 클럽앤 스파서울

박정희 대통령 시절 김현옥 시장과 건축가 김수근이 설계한 타워호텔자리에 새한씨앤씨가 1,200억 원에 인수하여 싱가폴 리조트그룹 반얀트리와 20년간 운영 도움을 받기로 하고 2010년 새롭게 오픈했다. 당시 회원권이 1억 3천만원인데 288명이 참여했다. 일 년 내는 회비가 800만원이었다고 한다. 두산, GS, CJ, LG, 삼성 오너들이 회원이었다. 상류층, CEO, 유명연예인들이 회원이 되도록 마케팅하였고 자신들의 수준 높은 소셜 네트워크를 구축해서 성공했다. 호텔 객실을 한 층에 2개로 줄이고 객실마다 플런지 풀장을 두었다. 디오아시스란 수영장이 있는데 외국 유명 수양지처럼 멋지다. 건설하다가 많은 문제들로 구속도 되고 쌍용건설 등이 어렵게 되었고 이때 변호사가 우병우였다. 지금은 현대가 운영한다는 말도 들린다.

강북은 강북이어야 한다

진짜 부자는 강북에 있다는 말이 이 호텔들을 보면 알 수 있다. 요즘 해외여행이 어려워 기념일이나 신혼여행을 호캉스로 한다고 한다. 옛날과 달리 요즘 비즈니스 접대는 문화나 호캉스 비용을 제공하는 쪽으로 하고 있고 호텔에서도 가격을 합리적으로 하고 프로그램도 많다. 성서에서 바울은 사람은 풍부에 처할 줄도 알고 빈곤에 처할 줄도 알아야 한다고 했는데 이 의미는 무엇일까?

돈가스 파는 곳을 택시 기사들이 많이 이용하신다. 국물 식사가 맛있지만 화장실을 자주 가게 되기에 택시 기사들은 이렇게 건식식사를 한다. 이런 작은 것들을 아는 것이 외교이고 경쟁력이다. 조선의 성리학은 사람 사는 맛을 지향하고 경쟁력을 통해서 우리를 행복하도록 철학을 선물로 주었는데 다른 것을 알고 다른 것과 잘 지내는 것을 예(禮)라 하였다. 지금의 정치인, 종교인, 지식인들의 격을 넘는 품이 조선에 있었다. 그래서 사대문 사소문의 성곽길을 걷는 〈순성길 축제〉를 즐겼다. 우리가 성곽과 문들을 보존했어야 하는 이유이다. 예를 통해서 평화와 상호 경쟁력을 제고시키기 위해 남대문을 숭례문이라 하였고 명동이 명례(明禮) 즉 예를 밝히는 곳이라 하였다. 예는 상대를 존중한다는 것이다. 이 존중의 마음은 어진 마음 인(仁)에서 오는 것이기에 동대문을 흥인지문이라고 했다. 예가 빛나는 것이 광(光)이고 인을 넓히는 것이 희(熙)이기에 숭례문 흥인문 사이 장충동에 있는 작은 문을 광희문으로 하였다. 장충동 팔경 가운데 하나인 광희문 안쪽으로 장충동에서 광희동까지 이어진 중앙아시아거리를 소개한다.

코리아에 온 실크로드

식민지 압박이 들어오자 조선 말 중산계급은 재산을 빼앗기고 노력해도 가난하게 되는 것을 알고서 자신의 땅을 팔아 조선을 떠나 연해주로 이사를 했다. '카레이스키'로 불리는 한민족들이 근면해서 재산을 크게 모으기 시작했고 또 한민족끼리 강하게 뭉치자 소련은 1937년~1939년 사이 고려인들을 중앙 아시아지역으로 강제 이주시킨다. 이들 카레이스키(한민족)인들이 고려인이라고 한 것은 북의 조신이나 님의 한국가운네 중립을 유시 지향한다는 의미로 고려인이라 스스로 불렀다. 고려인들 오십만 명이 중앙아시아에 현재 살고 있다. 스탄이란 '~의 땅'이란 뜻이다. 예로 카자흐스탄은 유목민의 땅이란 뜻이다. 고려인은 우즈베키스탄에 176,000, 러시아에 108,000, 카자흐스탄에 80,000, 카르기스스탄에 15,000, 우크라이나에 13,000, 타지키스탄에 6,000, 투르크메니스탄에 3,000명이 거주하고 있다.

이 들 나라에서 역으로 한국에 온 중앙 아시아인들은 5만 명이다. 이중 서울에 사는 분들은 3,000명이다. 평일에는 서울에 있는 중앙 아시아인들이 주말에는 전국에 있는 중앙 아시아인들이 이곳에 모여 그들 마음의 고향인 이 중앙아시아 거리에 와서 휴식과 정보를 나누고 본국과 작은 실크로드를 하고 있다. 동국대 자취 학생들이 많은 산동네를 산책하다가도 이들을 만나게 된다. 한류와 한국 상품의 우수성 다양한 일자리로 인해서 한국에 몰려오고 있다. 몇 분과 인터뷰 했다.

먼저 불만이 많을 것으로 생각했는데 예상외로 만족하고 있었다. 한국인들은 근면함과 세련됨, 그리고 친절함이 좋다고 말한다. 치안의 안전에 만족했고 성공의 기회가 분명 주어질 것이란 희망을 공통적으로 이야기하였다. 과거 유럽과 아시아의 12,000키로 실크로드의 중심에 있던 이들이 코리아로 모인다는 것은 우리에게도 중요한 성장 동력이다.

한국인들이 세계 역사에 대한 지식과 평화를 지향하는 삶의 태도, 우수한 콘텐츠를 유지한다는 것이 경쟁력이란 생각이 들어 인문학도 무엇인가 기여할 수 있음을 느꼈다. 지하철 2.4.5호선 동대문 역사문화공원 역 7번 출구로 나오면 낯선 키릴문자들이 나온다. 규모는 크지 않지만 꿈을 꾸는 중앙 아시아인들의 모습을 역동적으로 볼 수 있다.

카페 '러시아케익'과 슈퍼를 운영하는 '마리나'란 미인사장의 성공도 볼 수 있고 '야냐'란 분이 운영하는 우즈베키스탄의 식당에서 가족이나 친구가 주는 행복함에 젖은 고객도 만날 수 있다. 이들 대부분이 이슬람교 인이라 돼지를 먹지 않고 양고기를 좋아하고 그들이 좋아하는 술과 빵 그리고 그들이 본국에 수출하는 품목을 눈여겨본다면 유익할 것 같다. 키릴문자의 어려움과 우리와 다른 음식 맛에 낯설어하지 말고 〈앗살라 말리이쿰〉(안녕하세요) 하며 즐거운 마음만 가지면 된다. 강북 장충동, 광희동에 있는 작은 이국적인 실크로드에서 보드카 기울임도 은근히 행복을 줄듯하다.

이병철 하우스

서울 어떤 곳 이런 사람들이 모여 살았다. 서울시장 농수산부 장관 법무부 장관 중앙정부 부장 국회의원들 이병철 정주영 태광회장 영창악기 회장 대한제분회장 동아그룹회장 연합철강회장 등등이다. 이 어떤 곳이 장충동이다. 최초 부자촌의 존재는 장충체육관 건너편 장충동이다. 일본은 영국의 동인도회사를 통해서 식민지 국가를 수탈하는 기술을 배우고 똑같은 동양척식주식회사를 1908년 조선에 설립하여 우리의 토지와 재산을 수탈하고 일본의 경제적 이익을 최대한 만들고 동양척식회사를 전국에 만들고 해외에도 만들었다.

조선은 토지로 동양척식회사에 투자를 하고 동양척식회사는 모든 이익을 일본인이 독차지하게 하여 조선의 땅을 돈도 많이 지불하지 않고 교활하게 빼앗았다. 일본은 많은 사람들이 조선에 오게 하였고 꿈을 갖고 일본 젊은 부부들은 조선으로 왔다. 이들의 경제적인 이익과 주거의 안정을 위해서 조선의 땅은 일본인들에게 넘겨졌다.

약탈의 기차역이 왕십리와 청량리에 생기는 것을 알고 동양척식회사는 조선 도시경영연구소라는 회사를 만들어 신당동 일대와 조선의 국립 현충원인 장충단을 강제로 분양 받아 매입하고 신당동에는 백 평이 넘지 않은 보급형 문화주택을 지어서 일본인과 친일에 적극 석인 소선인늘에게 분양하였고 장중동에는 동경보다 더 화려하고 수백 평이 넘는 고급형 문화 저택을 보급했다. 이후 이 부촌은 장충동 독점에서 장충동 한남동 성북동 평창동으로 나뉘어 형성되다가 강남으로 이전을 하였다. 현재 장충동의 부촌은 이병철이 살던 집과 삼성 계열의 사람들이 살고 거의 삼성이 다 매입하였다. 주민들에게 천 평이 넘는 집이 누가 사냐고 물었다. 모른다고 한다. 사진을 찍으려는 나를 경비들로 보이는 사람이 무언의 눈치를 준다. 조선의 땅, 우리의 땅은 우리의 영혼을 지닌 우리 민족의 공유되어야 할 땅이다. 그 땅들이 사기로 일본 땅으로 편입시켰고 그런 일본을 위해서 앞장선 사람들이 이 땅들을 갖게 된 이 불공정에 대하여 우리는 언제 다시 우리의 것으로 만드는 공/정/을 이룰 수 있을까?

가장 큰 동물은 초식동물이다. 산다는 것이 전투지만 산다는 것의 마지막은 평화이어야 한다는 것을 창조주는 코끼리를 통해서 가르쳐준다. 코끼리는 사람처럼 감정이 깊어 불행한 존재를 보면 눈물을 흘리고 돕는다. 세상은 情으로 가는 情處(정처)있는 길이다. 교정에 사찰이 있음도 보기 좋다. 동국대학교 심볼은 가운데 DONG KUK의 D를 가운데 모양을 두고 8개의 빛이 퍼져나가는 팔정도를 말하고 있다. 반야심경을 외우려 했다. 색즉시공이 철학이고 깨달음의 불(佛)이다. 반야심경은 모든 것이 無라는 색즉시공이 결론이 아니다. 다시 無에서 有로가는 공즉시색이어야 한다고 말한다. 깨달음은 집착이 허무라는 것을 알아야 이루어지지만 아무 것도 하지 않는 것이 아니라 그 허무에서 에너지를 얻고 동사가 되어야 한다고 말한다.

중앙이라고 하며 변두리를 오랑캐라고 가시 않을 때 해가 뜨는 동쪽 변두리로 가신 분들이 코리아 선조들이었다. 이것을 반야심경은 '아제아제 바라아제'라고 말했다. 떠나라! 두려움 없이 떠나라! 떠나는 것이 축복이다! 라는 것이 아제아제 바라아제다.

장충동에 있는 기룬(그리움)이란 카페에 다녀왔다. 장충동 8경을 마무리하며 스스로에게 지식의 쉼표를 주었다. 참여불교재가연대가 운영하는 카페인데 보기 좋다. '우리함께' 빌딩에 있다. 이 빌딩에는 종교자유정책연구원, 종교와 젠더연구소, 종교투명성센터 등 불교의 개혁만이 아니라 종교를 넘어 소수자의 인권과 배려, 정의를 향한 실천이란 에너지가 있는 사무실들이 결합되어 있어 든든했다. 기독교기관 건물을 보면 기독교 이름을 걸고 모금해서 임대 사업을 하는 곳이 많다. 이 빌딩의 알찬 채워짐이 단단하다. 장충동에 있는 동국대와 불교문화를 살피는 아제아제 바라아제가 장충동의 팔경 마무리 코스였다.

진정한 글로벌은 글로컬이다. 장충동을 중심으로 있었던 것과 그

것이 파괴된 이유를 살펴보았고 다시 일어나는 의미 있는 운동을 보았다. 살아있는 모든 것은 희망이었다. 한 여름 다녔기에 더웠지만 재미있었고 유익했다. 응원하는 분들도 종종 있어서 외롭지 않았다. 그대가 살고 있고 살아왔던 곳들의 8경이 상상하는 산책으로 이어졌으면 하는 희망을 갖는다.

일일 대학 강사로 초대 받아 대학생들과 무명용사와 항일정신의 상징 장충동을 같이 걸으며 강의했다. 일제하 독립군과 의병이 있었고 동시에 일군과 앞잡이들이 있었다. 요리조리 빠지며 혜택을 누리고 놀다 돈 많은 사람 만나 팔자 핀 인간이 권력을 잡는 모습도 본다. 시절은 이렇게 쓸쓸하기도 하다.

내가 투표하는 필동은 일본 경찰과 앞잡이들이 살던 곳이었고 또 선비정신을 지킨 남산 딸깍발이 선비들이 살던 곳이기도 했다. 선택은 우리가 하는 것이다.

장충단에 기념비가 있는 이한응 열사처럼 "온 겨레가 남의 노예가 될 것이니 구차히 산다 한들 욕됨만이 더할 따름이라, 이 어찌 죽음보다 나으리오" 하며 영국 공사대리로 있다 자결한 그처럼 나는 용기가 없고 김상옥 의사처럼 혼자서 천 명 넘는 일경과 장렬한 전투를 할 결기도 나는 없지만 이들이 옳았다는 말은 이렇게 남긴다. 내가 쾌지모도는 늘 할 수 없지만 시인이며 해설가인 '그랭구와르'라고 말한 이유다.

이순신 화투전략

충무로 거북선으로 탑승하라

　헤드폰을 끼고 블루투스로 인문학 해설을 하는 것이 아직은 어색하다. 이런 것도 잘 적응하면 유익할 것 같다. 일행과 공중 보행교에 올랐다. 어떤 이는 청계천 공중 보행교에서 이 곳의 낙후된 모습을 보면서 눈물이 난다고 말한다. 강북은 강북이고 강남은 강남 아닐까? 위에서 보면 낙후된 무허가 천막과 집들이기에 헐고 오피스텔을 짓는 것이 생산적으로 보이겠지만 강북은 강남과 다르게 읽고 보아야 한다. 위해서 보지 말고 내려와 낡은 길을 걸어보면 이곳은 하나의 산업생태계이고 그동안 누군가의 발전에 묵묵히 희생하는 도시 노동자들이 있는 곳이다. 부모가 자녀를 위해서 묵묵하게 사시는 것처럼 이런 곳은 없애는 것이 아니라 산업생태계를 유지시키고 보존시키는 것이 진정한 강북문화 서울문화가 아닐까 생각한다. 인문학의 풍요가 요구되는 이유다.

　공중보행 길로 하면 없앨 수 있지만 거북선 길로 하면 없애기 힘들다.

가을비 내리던 달 임종학 목사와 명동을 걷고 홍길동서점이 있던 곳에서 식사하고 종로 피맛골을 지나고 있다. 임 목사께서 이런 산책을 좋아하셔서 이곳 정겨운 골목을 지나 충무로까지 라운딩을 이어 갔다. 박광균 교수의 의학서적 '내 몸을 살리는 영양과 건강이야기'에 보면 걷기가 구원이다. '심장은 종아리에 있다'라는 내용이 있는데 인문학은 체력전이기도 하다. 자동차는 엉구차고 계단은 전국으로 가는 길이라고 임 목사와 말하며 서로 웃었다. 대한극장 앞이 징비록을 쓴 류성룡의 생가가 있었다.

류성룡의 과학적 인사관리

임진왜란을 승리로 이끈 서애 류성룡의 인재발굴의 열 가지가 있다.

1. 학식이 있고 일 모리를 아는 사람
2. 담대하고 설득력이 있는 사람
3. 군사에 대하여 해박한 사람
4. 해외업무가 가능한 사람
5. 용감하고 무예가 가능한 사람
6. 직접 직업을 갖거나 농사기술이 있는 사람
7. 염업, 광산업, 무역업에 지식이 있는 사람
8. 수리와 회계업무가 밝은 사람
9. 병기를 잘 만드는 사람
10. 효심과 형제애가 좋은 사람

서울에 있는 퇴계로는 충무로와 '서애로'로 이어지는 도로와 십자형 도로이다. 퇴계로는 서울역에서 광희문까지 3500m의 도로이고 충무로는 청계천 3가에서 퇴계로 3가를 지나 충무로 5가까지의 1750m의 도로이고 서애로는 충무로5가에서 남산 필동3가까지의 375m 도로다. 퇴계 이황, 서애 류성룡, 충무 이순신은 어떤 인연이 있었을까?

　　지금 서소문로 서울시립미술관 쪽에 살던 이황은 필동에 살던 21살 류성룡을 발탁하여 재상으로 만들었고 류성룡은 3살 어린 동네 동생 이순신을 발탁하여 임진왜란을 승리한다. 류성룡의 인재 찾기는 10가지 원칙은 때론 파격적인 인사가 이루어졌고 그로 인하여 기득권의 반발이 있었어도 명장 이순신을 발굴할 수 있었다. 류성룡은 21살에 이황을 찾아가 제자를 청하고 성리학을 배우고 평생 이황을 멘토로 섬겼다.

　　안동사람 류성룡과 이황의 인연은 이렇게 뜻으로 이어졌다. 성리학은 조선의 정치철학이었고 모든 본질과 현상을 파악하여 대안을 제시하는 정치 학문이었다. 서애 류성룡은 중국 명나라에 의존하는 선조 왕과 보수 관료들과는 달리 실용주의를 선택하였다. 7년간 전쟁에서 가장 고통스러움을 겪는 것은 민생(民生)이었고 배고픔이었다.

　　임진왜란 당시 조선의 곡물은 명나라 원군이 최우선이고 다음이 조선 군인이었고 남은 것을 민중들이 먹었기에 민중들의 빈곤은 상상을 넘는 처참함이었다. 이런 가운데 중국 명(明)은 조선의 왕을 상징적으로만 인정하고 명나라가 임명한 총독에 의해 조선은 다스려지고 수탈당했다. 이런 명나라 총독과 대립하며 때론 왕을 설득하여 민생을 살피는 요구를 집요하게 하다가 탄핵을 받아서 자리가 박탈되었고 이후 류성룡은 왕이 다시 불렀어도 조정에 들어가지 아니하였다.

바다에서 이순신 장군이 싸웠고
육지에서는 류성룡이 싸워 이긴 전쟁이 임진왜란이다.

공중 보행로가 최근 철거 예산까지 잡히고 철거계획을 세우고 있다. 나는 반대한다.

공중 보행교의 역사

미군의 폭격을 두려워한 일본은 지금 세운상가 타운 일대를 소개공지로 만들었다. 특히 박정희 군사 정권은 미국의 이익을 위해 미국 쌀을 수입하고 미국을 위한 저임금 노동자를 서울에 이주 시키는 것이었고 그래서 일타 쌍 피로 선택한 것이 쌀값을 낮추는 정책이었다. 예상대로 농민들은 견딜 수 없어서 특히 소작농들이 서울로 이사를 와서 이 소개공지에 판자집을 짓고 저임금 노동을 했다. 그 결과 미국 농민들을 한국에 쌀을 수출할 수 있었고 저임금 근로자로 미국의 경쟁력을 높이는 인건비 절감이란 결과를 만들었다.

세월이 지나자 박정희는 판자 이 보기 싫었다. 당시 서울시장이 박정희의 마음을 읽지 못하자 박정희는 그를 해임하고 육사후배 김현옥 부산시장을 서울로 불러온다. 40살 김현옥은 1966년 서울시장에 되어 건설을 두려워하지 말라! 는 박 대통령의 특명을 받고 두 달 만에 이곳 주민들을 강제 이주시키고 1년 만에 8개익 세운상가를 세운다.

세월이 흐르고 이곳이 슬럼화되자 2009년 서울시장은 이곳을 헐고 소위 요즘 유행하는 숲세권을 만들기로 했다. 이후 박원순 시장은 재보선에 당선되고 나서 재개발이 아니면 상가의 많은 지주들의 재산을 서울 시민예산으로 사용해야 하는 것과 거대한 건축 폐기물을 버리는 문제를 생각해서 '서울로'처럼 건물을 헐지 않고 다시 세운상가 공중 보행 길로 수정하였다. 그런데 새 시장이 당선되고 나서 시장은 '녹지생태 도심 전략'을 발표하며 "공중보행교를 철거 예정이며 이 계획을 실현하려면 공중보행로가 대못이 될 수밖에 없고, 대못은 뽑아야 한다. 공중보행로가 이제 겨우 완성돼 활용이 임박했지만 철거해야 할 운명"이라고 밝혔다.

세운상가라는 이름은 당시 김현옥 시장이 "세계의 기운이 이곳으로 모이라"는 뜻으로 지었다고 한다. 1km 기간이며 1967년부터 72년까지 세운, 현대, 청계, 대림, 삼풍 풍전 신성, 진양상가가 차례로 건립되었다. 자주 이 공중보행교를 걸었다. 공중보행로 길에 별칭이 생기면 좋겠다고 했다. 이순신 생가가 있는 곳이니 단 하나 기념시설이 없으니 '거북선길'이라고 하면 좋겠다. 철로 만든 것이 전체적으로 거북선 느낌을 주어서이다.

4월28일 〈이순신생신〉을 기억해야 하는 이유!

정치개혁과 민중국가를 세우려 한 정도전의 정신을 이어간 대표적 개혁정치인이 1483년생 조광조다. 기득권의 부패와 기회주의와 편리주의를 거절하고 민주국가의 근본이 되는 정치철학을 현실 정치에서 실현하려던 조광조는 연산군 이후 중종의 총애를 받으며 정치개혁 선봉에 섰다. 하지만 조광조의 개혁파들은 보수 기득권자들의 의해 소수 과격개혁파로 몰렸고 개혁파에 부담을 느낀 중종의 진정성 없는 개혁 정신으로 개혁은 쇠퇴하였고 조광조는 1520년 사약을 받고 37세에 제거된다. 조광조의 마지막 유언은 〈나라 걱정을 내 집 같이 하였도다 밝고 밝은 햇빛이 세상을 굽어보고 있으니 거짓 없는 내 마음을 훤하게 비춰 주리라〉 시인 윤동주의 序詩(서시)가 떠오른다.

조광조의 동지 이순신 조부 '이백록'

조광조가 사약을 받고 죽게 되자 청년, 선비들만이 아닌 일반 국민들도 목 놓아 울었다. 조광조와 뜻을 같이하고 정치개혁에 앞장서다 조광조와 함께 사약을 받은 인물이 이순신의 할아버지인 '이백록'이다. 역적(逆賊)의 자식이 된 이순신의 아버지 이정은 억울함을 평생 가슴에 안고 살면서 어떤 관직도 갖지 못하고 막 노동을 하며 살았다. 이순신의 아버지 이정은 몰락한 가장이었지만 그의 꿈은 자녀들을 잘 키워 그 꿈을 이루고자 하였다. 네 명의 아들의 이름을 보면 안다. 첫째 이희신(李羲臣)은 고대 중국의 이상적 인물 복희씨(伏羲氏)에서 둘째 이요신과 셋째 이순신은 민중들이 행복했던 요순(堯舜)시대를 만들라는 뜻이고 당연히 막내의 이름은 우왕에서 따와 이우신(李禹臣)이다.

권력가와 기득권자들은 이 집안을 역적 집안이라고 조롱하고 무시했지만 이순신 생가가 있던 충무로 인현동 사람들과 하급군인들 일반 인민들은 편견 없이 이순신과 4형제들을 아끼고 함께했다.

을지로에는 요즘으로 말하면 군 정훈 교육기관인 체부사찰이 있었고 동대문 DDP 자리에 군대 훈련소가 있었는데 이순신의 형제들과 친구들은 어린 시절부터 군대 놀이를 하고 군인을 선망했다. 이순신 집에서 500M 거리에 살던 3살 형이며 친구인 징비록의 류성룡은 이순신의 리더십과 치밀함, 우수한 무기를 만들려고 한 탐구 정신을 바라보면서 비록 이순신이 늦게 과거에 합격했지만 군 요직에 추천하여 이순신이 임진왜란을 극복하는 영웅적 장군을 만들었다. 이순신의 어머니는 변 씨이고 아내는 방 씨다. 다 희귀성인데 백의종군을 했던 변방의 장수란 운명을 갖고 태어난 것으로 상상된다.

이순신이 태어나고 십대 중반까지 성장하며 중요한 인맥을 두루 갖게 된 이순신의 생가는 2017년까지 작은 동판하나 없이 방치되었다. 그동안 말로는 성웅 이순신 숭배한다고 하면서 생가 일대를 오피스텔을 만든다고 하며 부동산 투기를 조장하며 이순신 생가 일대가 지금 하나씩 없어지고 있다.

세계가 모르는 임진왜란 용어를 버리고
16C 동아시아 전쟁으로

임진왜란이란 용어가 궁색하다. 당시 세계에서 벌어진 최대 규모의 동아시아전쟁이었다. 일본 침략에 의한 조일(朝日)전쟁이지만 16세기 중반 해양 국가들의 성장 특히 일본의 힘이 커지고 명(明)이라는 대륙의 보수 패권국가가 쇠퇴하는 시기에 벌어진 전쟁이다. 당시 총인구 백만 명의 포르투갈이 유럽과 아프리카, 아시아와 남미까지의 대제국이 될 수 있었던 것은 무기 기술이었다. 하나는 대포였고 하나는 소총이었다. 대포기술을 받은 후금이 明을 이기고 청나라를 세웠고 섬나라였던 일본은 소총을 받아들여 아시아 패권국가가 되었다. 당시 소수지만 남인들은 통역사들이 많아서 국제적 지식이 있었기에 과학적 기술을 해외에서 받아들이자고 하였고 다수였던 보수 서인들은 대국 明(명)나라만 의지했다. 임진왜란은 국제적 변화를 읽지 못한 서인들의 어리석음으로 온 결과였다. 이런 차원에서 광해왕은 明(명)에 의지하는 것이 아니라 열강들의 세계사적 힘을 읽고 실리외교를 하자고 하였다가 보수 세력 서인에 의해 제거 되어 조선은 병자호란을 치르게 된 것이다. 광해 왕 이황 류성룡 이항복 이순신 허균 정약용 등의 개혁과 실학 세력은 남인이었다. 이들이 살던 남산자락 역사적 순례를 권하고 싶다.

PJ(풍전)호텔 쪽 순대 국밥집 '산수갑산' 안 골목 을지로교회가 있고 조금 지나면 고증된 이순신 장군 생가 터가 있다. 이곳에서 이순신은 태어나고 성장했고 건너편 필동 이순신 형의 친구인 류성룡에 의해 요직에 발탁된다. 이곳은 조선 사회 진보 세력인 동인(후에 남인과 북인으로 분리)들이 모여 살았다. 명보극장 앞에 있는 이순신생가 터 표지

인현동 이순신 생가 표시 사진

석은 상징적 의미이고 여기가 실제 생가다. 건물 내에 있는 애정다방에 들어가 건물주와 이순신 장군과 관계가 있냐고 물었더니 먼 후손이라고 말한다. 두 가지 면에서 묘한 인연을 본다. 이곳이 인현동인데 광해 왕과 그의 배다른 동생 인성군은 이순신 장군과 정치적 동지 관계인 동인과 같은 개혁 사상으로 명과 후금(청)사

이에 실리외교를 한 광해 왕의 인물인데 이곳에 살았기에 인현동이라 불려 지게 되었고 지금 이곳은 거북선도 만든다는 금속거리, 공구 거리로 이어진다.

아저씨 세수 모습이 청량감이 있었다. 여기를 깨끗한 건물로 만드는 것들이 역사를 깨끗하게 하는 것일까? 속이 악마들인데... 젊은 이들이 오랜 동네 식당인 노포식당을 채운다. 충무로에 오면 보통 '필동면옥'을 가는데 오히려 이런 작고 오랜 식당들 가면 맛도 좋지만 더 멋져 보인다. 서울 건천로(마르내골)는 을지로와 퇴계로 사이에 있는 도로다. 백병원 명보극장 풍전 호텔 오장동 냉면 등이 있다. 건천로 중간이 인현동이다. 조선의 서울은 지금의 종로구 중구 지역이다. 청계천 사이로 위쪽이 종로구이고 아래쪽이 중구다. 그 시절에는 종로를 강북으로 불렀고 중구를 강남으로 불렀다. 과거 합격 후 관직을 맡은 사람들은 청계천 북쪽에 살았고 과거에 합격했어도 관직을 맡지 않은 이들이 청계천 남쪽에 살았다. 요즘 학교를 졸업하고 취업을 한 사람과 취업을 하지 못한 사람이라고 할 수 있다. '남산골샌님'이란 말은 과거에 합격했지만 관직을 맡지 못한 사람들이 자신의 품행을 유지하며 훗날을 위해 실력을 연마하며 남산 아래 많이 살았는데 이들은 선비정신이 있고 국제정세 시야도 있었고 젊고 정치적으론 진보 계열인 동인(남인)이었다. 이순신은 동인이었다.

민중들이 역동적으로 살아낸 이곳 산업생태계는 지금 개발자들에 의해 곧 소멸된다. 그리고 이곳은 아파트 오피스텔이 지어지고 서울 중심 비싼 곳으로 알려질 것이다. 이순신 장군의 어록 '필사즉생 필생즉사(必死則生 必生則死)'는 충심의 기본이다. 이순신은 개인플레이가 아닌 팀플레이를 강조했다. 개인의 공보다는 군의 승리에 집중했기에 귀율에게 자신이 사용하는 무기를 우선 제공했기에 권율장군의 행주대첩이 나올 수 있었다.

아저씨 일하는 모습들 사진

거북선 화투를 선물 한다

대륙을 떠도는 배를 타고 나가면 보통 1년이 더 걸린다. 오랜 항해의 길 갑판 아래 노를 젓는 사람들 가운데는 죄수들이 많았다. 이들은 형량이 줄어서 위험하고 힘들어도 출항에 자원을 했다. 죄수들의 노동력을 잘 이용한 나라가 포르투갈이었다. 노역에 동원된 죄수들이 긴 시간 위로받을 수 있는 놀이는 날짜를 게임으로 바꾼 카르타(카드)로 불리는 화투였다. 화투의 시작은 해양 국가였고 대표적국가가 포르투갈이었다. 기리 등 화투 언어에 포르투갈어가 그래서 많다. 화투의 시작은 일본이 아니다. 화투의 백미는 고스톱인데 한국이 만든 놀이고 코리아 인들이 즐기는 놀이인데 어떤 놀이보다 재미있다.

피(皮)를 중심으로 점수를 내는 민초중심의 놀이이다. 7~80년대 한국이 군사독재를 할 때 역으로 피를 소중하게 생각하는 민주주의 놀이를 적극적으로 했다. 광(光)이나 쌍피를 팔아 민중들이 자본을 모을 수 있도록 했고 늘 깍쟁이처럼 살지 못하게 하려고 연사(聯死)를 못하게 했다. 패(牌)가 안 좋으면 흔들고 치게 해서 두 배를 더 얻을 수 있도록 해 용감한 자에게 보상했다. 또한 쌍피를 주고 광이나 피를 모으지 않은 사람에게는 광박이나 피박을 넣어 한쪽에 자본이 모여 큰 자본을 형성케 하는 제도도 있다. 이 민초들의 놀이, 세계 최고의 경영학 놀이를 천하게 생각하는 것이 아쉽다.

'화투 안 하는데요' '화투 왜색 아닌가요?' 종종 듣는 말이다. 나는 지인들과 가끔 즐긴다. 그리고 친구들은 나에게 "넌 화투를 치는 것이 아니라 강의를 한다" 고 조크한다. 花鬪(화투)는 꽃들의 싸움이라는 뜻이다. 왜 꽃들이 싸울까?

꽃은 생명이고 생명은 투쟁할 수밖에 없기에 꽃은 당연 싸운다. 화투는 포르투갈의 놀이였고 포르투갈 사람들이 아시아에 와서 가난한 뱃사공들과 말없이 재미있게 놀 수 있는 놀이가 화투의 기본이 되었고, 조선과 일본의 뱃사공들이 한국과 일본을 오고 가는 긴 뱃길 같이 놀던 놀이로 왜색 놀이로 단정하는 것은 편견이다. 화투는 한국 사람들이 가장 많이 이용하는 대중적 놀이가 되었기에 화투에 대한 정죄나 거부가 아니라 화투의 본뜻을 찾아서 많은 사람들이 건강하게 놀 수 있도록 하는 것이 더 바람직한 방향이다. 화투는 매월 상징적인 꽃을 드러냄으로 세월의 의미를 알고 견뎌야 하는 긴 세월 웃으며 보내자 라는 뜻이다.

화투 1월 솔은 토양이 좋은 곳에 마음을 두라는 것이다. 해오라기는 먹는 것에 집중하지 않고 날개에 집중하여 몸의 근육을 최대화시킨 것처럼 한 해의 시작은 마음과 훈련을 갖춘다는 것을 의미한다.

화투 2월 매화는 겨울새는 매화처럼 동토를 탓하지 않는 것이다. 출신이 어디인가? 가 중요한 것이 아니라 어떤 곳이든지 싫의 질고를 이겨내는 꽃과 새로 위로받는다는 것이다. 부모가 자녀에게 선배가 후배에게 가르치는 자가 배우는 자에게 남기는 것은 견딤 이후에 오는 인생사리 어록이다.

화투 3월은 벚꽃이다. 벚꽃은 일본과 조선 벚꽃이 있다. 아직도 한반도 야산에 많이 있는데 일본 벚꽃과 달리 조선의 벚꽃은 잎과 꽃이 같이 피고 기둥이 가늘고 줄기가 찬란하며 나름 멋있다. 화투 3월의 의미는 양다리를 걸치는 것이 아니라 집중하는 것이 가장 탁월한 경영이라는 것이다.

벚꽃의 특징은 동시에 피고 짧은 순간 사라진다. 대단히 에로틱하다. 합리적인 사고를 하는 것이 아니라 마음에 느껴지는 것대로 움직이라는 의미다, 이쪽저쪽 기울이는 회색주의를 경계하는 것이고, 한 가지 정했으면 거기에 올 인(All In)하고 올 킬(All Kill)하는 것을 말한다.

화투 4월은 보통 흑 사리라고 하는데 생김새를 보고 사람들이 이렇게 부르지만 원래는 등나무꽃이다. 자외선이 많이 내리쬐는 공터에 등나무가 있어서 그늘이 되어주고 사람들이 모여서 의논도 하고 배우고 나누는 언녁과 그늘이 된다는 것이다.

화투 5월은 초(草)로 부초가 나오는데 이 부초는 싱그러움이다. 다리가 나오는데 소통 역할을 이야기하는 것이다.

화투에는 홍단과 청단 그리고 초단이 있다. 홍단의 의미는 날이 추우니 1월 2월 3월은 늘 조심하라는 흉(凶)달을 표현한 것이고 청단은 4월 9월 10월에 있는데 날이 좋으니 길(吉)달이니 몸을 많이 움직이라는 뜻이다.

일본은 그 반대로 홍단 달이 기온이 오르니 길(吉)달로 청단 달은 태풍이 부니 흉(凶)달로 본다. 한국과 일본은 늘 이렇게 비슷한데 다르고 가까운 거리면서 앙숙이다. 화투뿐이 아니다 한국은 까치가 길조고 일본은 까마귀가 길조도 한국은 까마귀가 흉조고 일본은 까치가 흉조다. 호기심이 간다.

짜증을 문화로 만나니 쏠쏠하다

엄니와 함께 있으면서 초기 뒷동산 오솔길을 걷는데 새소리가 좋아서 가곡으로 답 송을 했다. 근데 까치 한 마리가 와서 나를 툭 친다. 5분 정도 나를 까치가 따라다닌. "왜 따라오지? 좋은 일이 오려나" 궁금했다.

내가 성악으로 불러서 좋아해서 따라다닌다면 분명 호기심 많은 청소년 까치라고 생각했다. 궁금해서 검색했다. 이렇게 답이 있다. '요즘 까치들 산란기라 까치집에 알들이 있을 것이고 주변에 까치집이 있을 것이고 알을 지키기 위한 아빠 새의 경계라고 나왔다. 역시 맛있는 봄이다.

숲은 늘 이렇게 나에게 갤러리다. 까치는 암수 구별이 거의 불가능하다. 수컷은 외모를 신경 쓰지 않는다. 이유는 임신은 암컷이 하지만 새끼를 위한 양육은 수컷이 주도권을 갖고 있어서다. 까치 수컷은 바람을 피지도 않는다. 바람을 피울 시간도 없이 새끼를 위해 분주하게 움직이는데 반대로 암컷들은 바람도 피고 새끼들 교육에서 자유롭다. 자식이 많고 책임을 다하는 수컷들은 암컷에게 선택되지 않고 암컷을 고르기에 외모에 신경 쓰지 않고 반대로 암컷은 수컷 눈에 들려고 외모에 신경을 바짝 쓴다. 이런 것을 알려면 숲 갤러리에 와야 한다. 조까치는 시력이 좋고 경계심이 많아 낯선 사람이 오면 울었다. 그래서 조선 마을에 낯선 사람은 친정에 오는 사위와 딸이기에 조선에서의 까치는 길조(吉鳥)였고 일본은 내전이 많았기에 까치가 운다는 것은 적(敵)이 오늘 것이라 흉조(凶鳥)였다.

불편한 것들을 인문학으로 만나면 화해의 답이 있다.

대모산자락에 앉아 농촌 풍경을 그렸던 일, 형과 산 정상에 먼저 올라가는 시합을 하며 올랐다 내려오면 아버지는 웃으시며 실천이 깨끗하니 그대로 미시리 하시던 모습이 45년 전 기억나는 추억이다. 화요일 지하철 일원역을 지나는데 엄재철이 전화를 해서 오후에 뭐 하시냐? 하며 산에 가자고 한다. 잠시 생각하다 일원동 뒤 대모산을 가자고 했다.

수십 년 만에 가니 마음이 묘했다. 오십여 년 전 부친이 전원생활을 생각하고 대모산자락 일부를 매입하셔서 나무를 심으셨고 나도 어린 시절 틈틈이 와서 나무를 심었다. 그시절 산에 나무들이 없었다. 얼마 후 그린벨트가 생겼다. 관계가 없었다. 나무를 심고 기다리는 것이니까 그런데 앞에 도로가 생긴다 하고 아파트가 생긴다고 하고 개인은 무엇을 할 수 없다고 하였고 서울시가 공원을 만들었다고 한다.

공공의 이익이라 하니 개인의 소박한 꿈은 접었고 개인적으로 할 수 있는 것이 없었기에 굳이 분주한 시간을 쪼개 오게 되지 않았다. 주억 있는 곳이니 어떻게 변했을까! 궁금했다. 남미 밀림 숲이 되어 있었다. 숲 일광욕도 했고 그 개울 물자리는 약수터가 되었다. 몇 년 숲을 다니며 숲에서 만나는 낯 설은 것들을 성찰하며 불편한 것까지 즐기는 것을 연구한 것을 나눈다.

하루살이와 산책하기

산책하다 하루살이 떼를 만나면 손으로 휘젓게 된다. 사람이 좋은 곳을 산책하듯 하루살이도 물 좋고 산소 많은 곳에 와 놀기에 하루살이를 만나는 것은 생태 환경이 좋은 것이다. 하루살이가 수명이 짧은 것은 성충이 되어 날게 되면 입과 위장이 없어져서 외부음식을 섭치하지 못하고 몸에 남아있는 에너지로만 살기에 하루살이라고 말하는 것이다. 솔직하게 말하면 굶어 죽는 것이다. 원래 하루살이는 유충으로 3년 정도 사는데 성충이 되어 날개가 달리면 날게 달린 하루를 우리가 보는 그들의 마지막 삶이다, 처음 하늘을 나는 수컷은 짝의 선택을 받게 위해서 무리들이랑 춤을 추며 암컷에 눈에 띠려고 한다. 아이돌그룹이다. 암컷은 어느 수컷이 멋있는지 신경을 곤두세워 수컷을 찾는다. 수컷들은 최대한 모양을 내고 자기를 과장시킨다.

이리 움직이니 우린 정신없고 가는 길을 막으니 짜증이 나지만 하루살이의 유일한 날이니 이해를 해야 한다. 마치 로미오와 줄리엣이 춤추다 만나는 풍경이다. 군무를 추려면 이들도 더운 시간은 힘드니 그늘진 곳이나 석양 전후에 춤을 춘다.

이어령 교수의 말처럼 '지독한 부지런함'과 '지독한 게으름'을 동시에 갖고 있는 한국문화에서 일과 놀이, 생산과 소비란 것이 따로 가는 것이 아니라 하나로 통합된다고 생각하기에 모든 것을 바로 이해하고 지혜롭게 통합하는 것이 옳은 일이라고 생각된다. 우리 민족은 근면했지만 잘 노는 흥의 민족이다.

화투를 일본은 금지시켰고 일제하 우리들이 화투를 하지 못하게 했다. 이유는 사람들이 놀아서 일하지 않고 모여서 이야기 한다고 반란을 모의할 수 있다고 생각했기 때문이다. 일본인들을 지금 화투 놀이가 없어졌고 일본인들은 화투는 한국의 놀이라고 알고 있다. 고스톱이 일본에서 온 것으로 알고 있는데 고스톱은 한국인들이 만든 놀이다. 이것은 한국인의 수 개념과 역사의식이 담긴 합친 우리의 역동적 놀이다. 흔들기 설사 배팅 독 박 등 다양한 승부의 포인트가 있는 세계적 놀이다.

화투 6월은 모란인데 이것은 여름의 축제를 의미하는 부요함을 이야기하고, 부귀영화를 말하는 것이다. 행복을 추구하는 인간의 본성을 이야기하는 것이다. 당 태종 이세민은 선덕여왕에 대한 흠모가 있었는지 모란꽃을 그려 선물하고 적색, 흰색, 보라색 목단 꽃씨를 각 한 대씩 보냈다. 모란(목단)꽃은 뿌리가 크고 꽃이 붉고 커서 남자 성기를 묘사한 목단으로 중국에서는 불려지는데 그것을 알고 있던 선덕여왕은 얼굴이 붉어지며 꽃이 향기가 없을 것이라 하며 말을 돌렸다. 화투 6에 나비를 그린 것은 나비가 숫자로는 팔십이라 번성하고 장수하라는 뜻이다. 특히 화투 6에는 청단이 있는데 6월이 길 달이니 밖을 나가 부를 늘리라는 뜻이다.

트리라 포올리스의 '꽃들에게 희망을'에서 말하는 것처럼 누가 더 큰가? 누가 더 높은가? 누가 더 빠를까? 에 빠진 애벌레들의 성공이 아니라 자신의 자아를 이루어 내는 자존감이 승리이고 번성이란 뜻으로 화투는 가르쳐준다. 포르투갈 선원들이 긴 항해 중 6월 중국에 와서 이 큰 꽃을 보며 자신들의 미래를 생각했다. 6월은 누구인가? 바로 5월을 견뎌낸 사람들이다.

'세를 올려야 하지 않나? 세입자 착하지만 내가 지금 더 급한데 올려야지 뭐!' 이런 생각을 임대인이 하면 어려운 임차인은 불안해서 심장이 쪼그라든다. 수년 전 미술 시장 특히 키아프 전시 기사를 보는데 누구 그림이 얼마에 팔렸다는 눈요기 기사를 보면서 든 생각이다. 같은 기간 성수동 S 스토리에서 열린 유니온 아트페어는 스토리가 많다. 좋게 이야기된다. 관람객이 많았고 좋은 작품이 많았고 작품은 이백만 원 이하였고 전시회 오픈시간이 2시~10시여서 직장인들이 관람하기 좋았다는

다시 목단화로 돌아와서 한국인들에게 목단화는 부아 장수였다. 나비와 같이 있는 목단화는 자기의 정체성이 부(富)라고 정의하고 있다. 비싸다 싸다 이런 것으로 가치가 정해지지 않고 자신의 존재가치가 富라고 말한다. 부가 폭력이 된 세상에서 부가 빛이 되는 세상으로 바꾸어 가는 더 많은 사람이 지금 이 시대 참 부자가 아닐까?

화투 7월에 돼지가 나온다. 한여름, 건강을 잃기 쉬울 때 마을에서 돼지를 잡아 건강을 보충했다는 문화를 담은 것이다. 덴미크의 정신적 지도자 '그룬트비' 돼지를 통해 덴마크가 부자가 될 수 있다고 연설했고 덴마크에서는 돼지에게서 470가지 상품을 개발해 낙농 국가로 부자의 길을 걷는다. 자신을 긍정으로 생각하고 집중적인 투자를 하는 지혜자로, 늘 위기로 보고 불안해하는 것이 아니라 오히려 대반전의 기회로 보는 것이다.

화투 7은 허브(풀)를 통해 민중들의 자존감을 이야기하는 에너지이며 용기이다. 고스톱에서 초단으로 이길 수 있다는 것은 풀들이 모

든 생명의 기초이고 터전이고 거기로 돌아가면 솔루션이 된다는 것으로 초단 패는 일종의 솔루션을 말하는 것이다. 싸리꽃은 잘 자란 대표적인 풀로 7월에 붉은 꽃이 펴서 홍싸리라고 하는 것이고 이것은 우리 인생의 든든한 울타리, 인맥의 허브를 쌓아야 한다는 것이고 이것이 민초들이 세상을 버티는 생명줄인 것이다.

크지 않은 잡목으로 불려진 싸리나무를 동양에서는 서민들이 가장 좋아하는 나무였다. 옛날 나환자들이 공동 부락을 이루었는데 이들에게는 양돈 사업을 하도록 유도했다. 나환자들이 돈으로 궁색하지 않기 위함이었다. 이 돼지들을 일본으로 수출을 했고 일본인들이 먹지 않는 삼겹살과 족발은 한국의 서민 음식으로 대중화되어 시민들이 먹으며 힘을 내고 삶을 위로 받았다. 7월 화투 인생 풀이는 소통과 평화를 통한 선한 유대를 만드는 싸리적 지혜와 행복한 식탁을 즐기고 창조적 사고로 우리가 가지고 있는 것을 경쟁력으로 만들어 여름을 이기는 솔루션을 준비하는 것이다. 삼겹살이 먹고 싶다. 누가 나의 식사파트너가 될까?

기러기 점으로 휴머니즘을 경영하다

    화투는 꽃들의 싸움인데 8월 화투만 꽃이 안 보인다. 팔공산이라고 말하는 화투를 자세히 보면 방목된 억새풀 등 잡풀이 가득하고 서산 천수만 기러기 군무가 있다. 과하고 급한 것에서 호흡하라는 뜻이다. 지금 이 분주함이 부질없고 유명해지는 것도 귀찮은 것이다. 풀처럼 물처럼 잔잔히 살아내는 것이 최고다. 기러기는 몸이 아픈 기러기가 나오면 양쪽에 두 마리가 부축을 하고 도와주다가 다시 본 대형과 합류한다.

    화투 8에 기러기 셋이 나오는 것이 이런 이유다. 8월에 점괘는 주변에 그늘이 있는 곳을 보는 것이다. 멀리만 가지 말고 추운 곳을 향하여 가는 기러기처럼 그렇게 낙오된 것을 살피라는 방향을 준다. 화투 8월에 겨울 철새인 기러기가 나오는 것은 추운 곳을 향해 날아온 첫 기러기에 대하여 추위를 앞둔 민중들의 고마운 마음을 화투에 담은 것이다. 사람이 제비를 뽑고 계획과 경영을 해도 일을 이루시는 분은 하늘이라는 것을 알게 되는 지혜를 고백한다.

황지우의 詩 '뼈아픈 후회' 가 와 닿는다.

내가 사랑했던 자리마다 모두 폐허다...
나에게 왔던 사람들 어딘가 몇 군데는
부러진 채 모두 떠났다.

1971년부터 1989년까지 영화 시작 전 애국가가 들려졌다. 군사정부는 애국가 작곡가가 친일 인사라는 것은 문제되지 않았다. 오직 부동자세를 국민에게 훈련시키는 것이 중요한 것이었다. 이것을 꼬집은 황지우의 첫 시집이 1983년도에 나왔다. '새들도 세상을 뜨는 구나'이다.

새들도 세상을 뜨는 구나

자기들끼리 끼룩거리면서
자기들끼리 낄낄대면서....

이 세상 밖 어디론가 날아간다.
우리도 우리들끼리 낄낄대면서...

한 세상 떼어 메고 이 세상 어디론가
날아갔으면 하는데 대한 사람 대한으로
길이 보존하세로 각각 자리에 앉는다.
주저앉는다.

낄낄대면서 세상 밖 어디론가 날아간 새는 기러기였다. 화투 2에 나오는 휘파람새와 화투 4에 나오는 두견새까지 모으면 고스톱은 5점을 주고 게임이 끝난다.

과로사 일거리도 사라진 시대에서 부지런하게 일하면 일중독이고 과로사인 것을 알면서도 달려가는 세상이었는데 이제는 그 일도 없어지는 시대가 되었다. 화투 48장 중에 최고는 화투 8에 있는 8광패이다. 이 말은 모든 것에 있어 최고의 한 수가 8월 패라는 것이다.

중세 신의 뜻을 탐구하는 구도자가 당시 최고의 신비주의 영성가 에크하르트에게 질문을 한다. "신을 가장 잘 아는 지혜가 무엇일까요?" 에크하르트는 답한다. "귀하가 신의 뜻을 더 이상 생각하지 않는 것입니다"

선원들은 남미의 자유의 상징 콘도르 새를 생각하며 화투놀이를 만들었다. 이런 전설의 민요를 페루 작곡가 다니엘 로블레스가 엘 콘도르 파사란 1913년 뮤지컬을 올렸고 사이먼 앤 가펑클이 불러 유명한 노래가 되었다. 8월은 당신과 나의 콘도르 파사다!

꽃으로도 때리지 않는 것처럼 아무 것도 하지 않는 깊은 무위와 쉼이 노동이고 ,생명이라는 것을 이야기하고 있다. 무엇인가를 해야 일이 이루어지는 것도 있겠지만 절제하며 쉬며 기다리는 것이 일의

완성이라는 것이다. 성서의 핵심 진리 중 하나는 사람이 제비를 뽑고 계획과 경영을 해도 일을 이루시는 분은 하늘이라는 것이다. 부지런 하게 일하면 일중독이 되고 과로사 한다.

온갖 정의를 말하는 정치적 언어의 결과는 소외와 허무와 욕망이다. 8월의 지혜는 계획을 하지 않는 것이다. 대충 사는 것이다. 그냥 무념을 즐기는 것이다. 방목은 신의 농사이고 달 아래서 행복해야하는 것이 선조들이 깨달은 소중한 지혜였다. 고민 없이 멍 때리는 것, 8월 신의 한수다.

가을... 9월 운수 풀이

구월황화(九月黃花)인 국화에 대해 선조들은 5가지를 칭송했다.

둥근 꽃이 높이 있음이 하늘의 별들이고
꽃 색이 땅을 닮았으니 국화는 천지이다.
봄이 아닌 가을에 피니 군자의 모습이고
찬 서리 이겨내니 일편단심이요
술잔에 엎어져 단맛을 주니 즐거움이다.

화투 9를 보면 잔이 나온다. 찻잔도 되고 술잔도 된다. 단맛과 향기가 좋아서이다. 모든 것을 이룬 다음 그것을 독점하지 않고 누군가에게 향기가 되고 즐거움이 되는 것이다. 내 것과 네 것으로 나눔으로 소외와 소유만 있는 세상이 아니고 나눔이 열매요 결실임을 놀이로 풀었다. 청단은 원심력이다. 여행이는지 무엇이는지 해오년 틀을 벗어나서 외부의 힘을 키우라는 것이다. 돌아다녀야 얻는 것이 있다. 모든 창조는 사고보다 경험이다. 이제 국화차로 온기를 줄 시간이다.

9월 화투 쌍피로 사랑받는 패를 이야기하고 싶다. 양기의 수 9가 두 번 들어 있는 9월9일 중앙 절이라 하여 민중 축제일이었다. 음력이니 아마 찬바람이 들기 시작하였다. 정부도 부자도 그들이 할 수 있는 재산을 어려운 분들과 나누며 옷도 장만해주고 축제를 열었다.

가난은 게으름이 아니다. 부자는 가진 것이 아니라 맡은 것이다. 그래서 위에서 베푸는 것이 가난한 이들 수고에 대하여 존경과 감사로 술잔을 기울였다. 그 술잔에 든 향기는 식용 수국인 감로였다. 이것이 화투 9월 쌍피의 유래이다.

화투 10월은 풍이라고 불리는 사슴과 단풍이 있는 1장, 청단과 단풍이 있는 1장, 단풍만 있는 두 장으로 이루어졌다. 단풍은 단풍나무라 하는 것을 말하는 것이 아니라 신록을 거치고 이제 색이 빠져 바탕색이 나타나는 모든 나무를 말하는 것이다. 경험했다는 것만으로도 박수를 받고 존경되어 마땅하단 것이다. 9월 말 까지 살은 나의 경험이 나의 멘토가 되는 것이고 이 지혜로 남은 계절을 보내는 것이 단풍 피라는 것이다. 청단이 있는 10월은 행운의 길달이다. 몸이 외출함으로 햇볕에너지를 받고 두렵지 않고 시작하면 행운이 오기에 적극적인 동사가 10월의 길잡이다.

왜 풍 화투에 사슴이 있는 것이 최고일까? 일본은 사슴이 사냥의 대상이시반 조선은 사슴을 전혀 다르게 생각했다. 조선인들은 사슴에게서 크게 두 가지 의미를 받아들였다. 하나는 사슴은 신이 준 선물이기에 사슴은 우리가 영성을 선물 받았다는 것이다. 영성은 고민과 좌절에 머무르지 않고 대안을 성찰하고 역사와 인문학 등 탁월한 정신을 삶에 내재화하는 것이다. 또 하나는 조선은 사슴을 모성. 어머니라고 생각했다. 모성으로 두루 내 주변을 살피고 그렇게 살아 온 부모를, 그리고 선을 위해 애쓰며 희생한 자를 존경하고 따뜻하게 살피는 것이 최고라는 인생 한 수이다. 일본을 넘는 것은 욱일기를 거부하는 것만이 아니라 세상을 투쟁의 전쟁터로만 보지 않고 영성과 섬김을 가까이하는 것이다. 10월은 위로이며 지혜다. 10월은 동사이며 대박의 전초전이다. 그래서 10월은 내 느낌으로만 판단하는 것이 아니라 깊은 영성에 나를 의탁하는 것이다.

11월 화투는 똥이다. 인사동 쌈지에서 보면 사람들이 똥 빵을 먹는다. 네이밍을 이리 똥 빵으로 착안한 것이 대단하다. 웃을 수 있음으로 세상에 자신을 알린 것이다. 화투 11월은 한 글자로 민초들에

의해서 똥이라 불렸다. 봉황과 오동나무가 있는 이 화투 11월을 이리 정겹게 똥으로 부른 해학이 대단하다. 오동나무의 동에서 똥이 연상돼서 네이밍이 이리된 것이다.

울릉도에 있던 오동나무가 바람을 타고 퍼져서 아시아로 퍼져나갔으니 울릉도는 오동나무의 원산지다. 15M까지 잘 자라고 잎은 넓어 넉넉하여 보이고 나무는 벌레를 먹지 않아 고급 장과 악기에 사용되니 사람들은 아이를 낳으면 잘 자라라고 오동나무를 심었다 그 아이들이 잘 자라 쓸모 있는 사람이 되란 뜻으로 오동나무 일곱 그루면 봉황이 놀러온다. 조선반도의 속담이 화투 11월 똥을 만들었다. 그래서 오동나무들이 숲을 이룸을 기념하여 화투에서는 쌍피를 하나 더 준 것이다. 봉황은 닭을 다스리는 새로 시간을 다스리기에 닭에게 새벽에 울게 했다. 해를 부르게 한 것이다. 이 시대를 불경기로 위축되고 불안하고 두렵고, 조심하게 하고 있을 때 봉황이 와서 해를 부르고 희망을 선포하고 불경기를 다스린다.

화투는 참 매력 있다. 놀면서 배우는 '놀이인문학'이다. 봉황이 와야 한다. 희망으로 이 불경기를 제압해야 한다. 봉황이 오려면 오동나무 일곱을 심어야 한다.

봉황은 시간을 다스리는 리더이기에 닭들이 새벽에 울게 했다. 새벽이 오니까 우는 닭이 아니라 이제는 우리가 일어나니 새벽을 오게 해야 한다.

12월 화투는 끝이 아니고 방향성이다

조선의 통역관들은 6개의 외국어를 할 수 있었다. 단절된 시대 언어와 현장 경험이 많은 통역관들은 국제 정서를 읽었다. 포르투갈 선원들이 갖고 즐긴 카루타(카드)란 놀이였다. 사랑하기도 바쁜 시간 미움을 중심으로 보내듯 성치(성치)들은 늘 코리아 시민을 소모전으로 만들었다. 화투 비는 12월이다. 사람. 제비, 버드나무, 나생문 4개가 주인공이다. 가장 먼저 펴서 가장 나중까지 피어있는 잎은 버드나무 잎이다. 버드나무가 있는 띠는 독서에 집중하거나 작품을 만들라는 것이다. 지나치게 인간관계에 의존하지 말고 자기 자신을 성찰하고 자신의 발전을 지향하자는 뜻이다. 제비는 봄에 온 것이 아니고 이렇게 겨울에 준비하고 봄을 만들고 있다.

씨는 봄에 뿌리는 것이지만 씨는 겨울에 만들어진다. 12월 화투 피는 '나생문'이란 쌍 피다. 인생을 살아가며 만나는 위기는 마지막으로 가는 것이 아니라 새로운 시작을 말하는 것이다. 인생은 역전이다. 상상 속에 고뇌가 실제보다 끔찍한 경우가 많다. 과거에 대한 후회와 미래에 대한 불안이 지나치면 현재는 끔찍한 고뇌가 된다.

세네카는 '우리의 불안한 모든 예감들은 나중에 결국 별 것 아닌 것으로 판명된다. 그래서 짧은 인생인데 불안하지 말고 현재를 즐겨

야한다'고 말했다. 카르페디엠의 의미는 흥청망청하라는 것이 아니라 포도주를 맑게 하는 것처럼 삶을 힘들게 하는 찌꺼기들을 걸러내는 것을 말한다.

오늘 즐기라는 것은 미래를 무시하는 것이 아니라 미래 때문에 오늘이 불행하지 않아야 한다는 것이다. 오늘을 즐기기 위한 습관 중에 하나를 인생애정에서 인생우정으로의 전환을 나는 권한다. 고대 철학자 에피크로스는 '행복한 인생을 위한 지혜 중 가장 위대한 것은 우정이다' 라 말했다. 우정의 마음으로 세상의 모든 것들을 아름답고 귀하게 보면서 같이 걷는 것이 현재를 즐기는 좋은 습관 중 하나이다. 12월 화투에 주인공인 사람은 걸으면서 행운을 잡았다. 키에르 케고르는 '내가 한 가장 훌륭한 생각은 걸으면서 얻은 것이다' 라 했다.

베른하르트는 '걸을 때 두 다리만 움직이는 게 아니라 정신과 마음, 머리도 같이 움직인다. 빨리 이루지 못했어도 스스로의 영혼을 죽이는 속도의 사회에서 함께 걷는 생명의 호흡이 최우선적으로 필요하다.' 그렇다 고난도 이제는 지루하다. 모든 신선함은 무거운 짐을 지고 가는 것이 아니라 우정으로 걷는 것이다. 화투 비광에 나오는 인물은 솔루션을 찾는 자다. 솔루션이 없어서 고통스러울 때 마음이 갑갑한 날 길을 걷게 된다. 그러다가 그는 겨울 개구리가 경칩이 아닌데도 버드나무에 오르는 모습을 보고 작은 희망을 갖게 된다.

화투는 수학의 정석

피는 민중을 띠는 중산층을 멍텅구리(열끗)는 상류층을 광은 왕을 의미하는 것이다. 쌍피를 받으면 더 좋다고 하는데 쌍 피는 국화의 수 붉은 똥 피 그리고 비 피인데 비 피는 죽음의 문 즉 마지막은 죽음인데 화투의 마지막 장인 비피는 삶과 죽음으로 분류해서 두 장의 가지를 준다, 화투의 의미와 뜻 놀이의 의미와 뜻을 잘 알아서 스스로 또 같이 하는 사람들에게 이런 의미를 설명하면서 재미있게 시간을 보내고 건강하게 일정 시간 이런 식 놀이는 삶을 기분 좋게 하는 엔돌핀이 생기는 문화다. 그래서 인문학을 재미를 주고 지나친 것에 빠지지 않은 절제를 준다.

돈이 들어가지 않아도 재미있다. 돈으로만 동기 부여가 되는 것이 아니라 문화와 깊이로도 충분히 동기 부여가 되고 행복을 누릴 수 있다. 기독교적 발언을 하냐면 하나님의 나라는 돈 없이 갈 수 있는 나라이기 때문이다.

저녁 늦은 시간에 서울 어느 지역 상공인들과 만나서 블루오션에 대한 특강을 했는데 지금 소상공인들이 절대절명의 위기에서 이들을 지켜줄 보호막이 없는 얇은 자본주의 속에서 스스로 억새풀처럼 견디는 것과 참아내는 것과 작은 꿈을 이루어가는 것에 대해 이야기 하는데 눈물이 고이는 분들이 몇 분 계셨다. 그만 나도 눈물이 고인 체 계속 이야기를 이어갔다.

"누가 시키지 않았지만 필요한 위치에 여기까지 버티고 계신 것 감사합니다. 지금 다 놓고 싶지만 그리고 푹 쉬고 싶지만, 생각조차 할 수 없는 분주함과 무거운 책임감을 지니고 있는 당신은 소중한 분입니다. 당장 내일 해결할 많은 자금상황이 있을 텐데 더 좋은 이야기를 듣기 위하여 무거운 마음을 접고 경청해 주셔서 제가 눈물이 나옵니다. 기난이 무서운 것이 아니라 절망이 무섭습니다." 인문학이 독서에만 있지 않고 역사와 교양에만 있지 않다. 지승룡이 말하는 인문학은 삶이다. 길 위에 인문학은 어느 도로를 걷는 것이 아니라 우리의 삶을 살아내는데 용기를 주는 견디게 하는 의미를 애써 만나는 것을 말하는 것이다.

갈무리

구본승의 시가 떠오른다.

  오래 흔들렸으므로 너는 아름답다
  오래 서러웠으므로 너는 아름답다
  오래 목말랐으므로 너는 아름답다

흔들렸고 서러웠고 목말랐던 시대는 옛날이나 지금이나 같다. 이런 시대 문학을 만들고 사랑에 두려움 없는 동사를 던지고 깊게 살아낸 명동백작들의 이야기가 방향이 되고 조금이라도 위로가 된다면 충분하다

충무로에 살고 명동을 늘 거닐며
2024년 11월
지승룡

아래 사진처럼 명동 최고의 번화한 곳이

가장 바쁜 시간에도 한 사람도 없었다. 코로나 시절에

　지금은 한국인만이 아니라 전 세계에서 많은 사람들이 모인다. 뉴욕 맨하탄 거리와 상해의 신천지처럼 높은 밀도로 모이고 있다. 이렇게 명동은 역동적이다. 나는 명동을 알면 한국이 알고 명동을 알면 세계를 알 수 있다고 생각한다. 그냥 가게들이 화려하고 있는 사람들이 많은 명동을 보는 단순한 시간에서 명동의 역사와 문화를 만나야 함을 생각하고 지난 시간 명동을 탐구했다. 이 책은 시작이다. 낭신이 별칠 길 위의 인문학을 향해

명동을 품은 충무로의 길도 명동처럼 시민들에게 더 기억되고 누려지길 두 손을 모으며 명동백작 글을 맺는다.

감사합니다

감사합니다. 아니 감사할 뿐입니다.

넘어질 때마다 손잡아 주시고 뜻을 세울 때 동행해주신 시대벗님들이 있어서 여기까지 왔습니다. 표지에 귀한 그림을 사용하도록 허락하신 강찬모 화백님, 특히 편집을 맡아 거친 저의 글을 충무로 정미소 같은 역할을 해주신 편집인 송경자 선생님, 열린 서원 대표 이명권 박사님 감사합니다.

요즘 명동을 걸으면, 명동은 상인들의 생존 공간, 시니어들의 추억공간을 넘어 전 세계 어느 번화한 곳보다 세계적인 풍경이 되었습니다. 명동을 통해 한류가 전파되는 것을 봅니다. 이 책이 지난 백년 명동 역사를 기록한 인문학이지만 미래세대와 세계인들에게 한국의 문학과 한류의 본질을 아는 필독서가 되었으면 하는 마음을 끝으로 깊은 감사를 대신합니다.

명동에서 노닐며
지은이 **지승룡**

명동백작

지은이 지승룡(minto0420@naver.com)
기 획 길위의 인문학, 제작; 충무로정미소
발행처 열린서원
발행인 이명권(imkkorea@hanmail.net)
편집인 송경자(010-9858-6615 art6502@hanmail.net)
발행일 제1쇄 2024년 11월 20일

주 소 서울특별시 종로구 창덕궁길 117, 102호
전자우편 imkkorea@hanmail.net
등록번호 제300-2015-130호(1999년)

값 20,000원
ISBN 979-11-89186-69-2 03900